TRUE CRIME

Greven Verlag

AF629798

GEORG BÖNISCH

MÖRDER, ZOCKER, TERRORISTEN

DÜSSELDORF KRIMINELL

Für Jessica, Dana und Ava Pina

DÜSSELDORF KRIMINELL

INHALT

»GRÜSSEN SIE MEINE FRAU. ES LEBE DEUTSCHLAND!«

DIE EXEKUTION DES SCHUTZPOLIZEICHEFS FRANZ JÜRGENS

16. APRIL 1945

Frühling 1945. Düsseldorf lag in Schutt und Asche. Seit dem ersten Luftangriff im Mai 1940 waren fast 1,2 Millionen Bomben auf die Stadt niedergegangen. 5500 Menschen starben: erschlagen von Häusertrümmern, verbrannt, zerrissen bei Explosionen. Das Gros der Gebäude: zerstört oder beschädigt.

Ziel der Bombardements deutschlandweit war es nicht nur, die Militärmaschinerie, Industrie und Wirtschaft im Nazi-Reich zu vernichten. Die Alliierten – Briten und Amerikaner – wollten damit auch die Menschen demoralisieren. Und vielleicht auf diese brutale Weise das Vertrauen untergraben, das die allermeisten immer noch in das Hitler-Regime hatten.

Aber was sich formierte, das war nur leiser Widerstand. So operierte im Rhein-Ruhr-Gebiet die kommunistische »Knöchel-Organisation«, deren Mitglieder unter Lebensgefahr Flugblätter und die Zeitschrift *Der Friedenskämpfer* verteilt hatten. Im März 1943 zerschlug die Geheime Staatspolizei (Gestapo) Knöchels Truppe. Knapp 300 Mitglieder oder Helfer konnten die Häscher festsetzen, 70 allein in Düsseldorf. Etliche wurden misshandelt und gefoltert. 60 hätten die Torturen »nicht überlebt oder Selbstmord begangen«, bilanzierte der Historiker Joachim Schröder. 30 wurden zum Tode verurteilt – wegen »Hochverrats«.

Der Hass der Hitler-Kamarilla traf aber auch Menschen, die keine aktiven Widerständler waren. Etwa den jungen, hochbegabten Düsseldorfer Pianisten Karlrobert Kreiten, Liebling des deutschen Musikfeuilletons, Meisterschüler des legendären Claudio Arrau. Kreiten hatte einer Jugendfreundin seiner Mutter, in deren Wohnung er zeitweilig üben konnte, beim Frühstück ganz arglos sein Herz ausgeschüttet. Er leide sehr unter den Lügen des Regimes, soll er gesagt haben, der Krieg sei doch »praktisch verloren«. Der 26-Jährige wurde angeschwärzt. Am 3. September 1943 verurteilte ihn Robert Freisler, der Vorsitzende des Volksgerichtshofs, wegen »Feindbegünstigung« und »Wehrkraftzersetzung« zum Tode – vier Tage später wurde Kreiten in Berlin-Plötzensee hingerichtet. Im *12-Uhr-Blatt* brandmarkte ihn ein Journalist namens Werner Höfer[1] kurz darauf als »ehrvergessenen Künstler«, der »statt Glauben Zweifel« und »statt Haltung Verzweiflung« verbreitet habe: »Denn gerade Prominenz verpflichtet!« Und rechtfertigte so das barbarische Urteil.

Ein weiteres Opfer der Willkürjustiz war der umtriebige Düsseldorfer Manager und Karnevalist Leo Statz. Seit 1934 führte die Gestapo eine Akte über den Direktor der Birresborner Mineralbrunnen AG, der Mitglied der Zentrumspartei war und als Offizier am Ersten Weltkrieg teilgenommen hatte. Statz stand nicht nur als Präsident dem städtischen Karnevalsausschuss und der Prinzengarde vor, er schrieb auch Lieder. Der Hit in der Session 1939 war ein Song mit dem Refrain »Duze, duze, duze mich ...«.

Düsseldorfer NS-Funktionäre hatten darin eine Verhöhnung des italienischen Diktators und Hitler-Freunds Benito Mussolini erkannt, der sich Duce nannte. Ein sofort erlassenes Verbot des Lieds wurde zwar bald wieder aufgehoben, aber Statz fiel tief in Ungnade. Zumal er Tacheles redete: »Wir haben keine Courage. Eine Straßenbahner-Uniform bringt in Deutschland einen ganzen Wagen voller Menschen zum Strammstehen.« Zu versehrten Soldaten soll Statz im Juli 1943 gesagt haben, sie hätten sich ihre Knochen nicht für das deutsche Volk, sondern für Hitler zusammenschießen lassen. Freisler verurteilte ihn wegen »Wehrkraftzersetzung« zum Tode. Am 1. November 1943 wurde Statz im Zuchthaus Brandenburg-Görden hingerichtet.

FRONTSTADT DÜSSELDORF

In den ersten Wochen des Jahres 1945 herrschte in Düsseldorf eine bürgerliche Normalität, die fast surreal war. Die Straßenbahnen fuhren, die Kinos waren geöffnet, einer der beliebtesten Filme hieß *Es war eine rauschende Ballnacht*, Hauptdarstellerinnen: Zarah Leander und Marika Rökk. Am 28. Februar stellte dann die *Rheinische Landeszeitung* ihr Erscheinen ein, deren Motto gelautet hatte: »Durch Nationalsozialismus zu Freiheit und Brot«.

Als amerikanische Truppen Ende Februar das linke Rheinufer erreichten, wurde Düsseldorf Frontstadt. Die Wehrmacht sprengte die Brücken. Der rechtsrheinische Teil der Stadt, etwa dreimal so groß wie der linksrheinische, wurde von den Amerikanern anhaltend beschossen. Hochrangige und weniger prominente NS-Funktionäre taten weiterhin so, als seien alle Bürger begeisterte Anhänger Hitlers. »Mit Genugtuung« stelle er fest, schrieb der Kreisleiter der NSDAP am 7. März, dass »die Haltung der Düsseldorfer in diesen Tagen der Not und der Sorgen« eine feste sei – und lobte die »Tapferkeit des Herzens«, die »mustergültige Disziplin« und das »unerschütterliche Vertrauen«. Das Vertrauen in Hitler.

Dies war, natürlich, pure Propaganda. »Die eingehenden Meldungen«, hieß es ziemlich ungeschminkt Ende März in einem der

Franz Jürgens, Chef der Düsseldorfer Schutzpolizei

letzten internen »Stimmungsberichte« des Sicherheitsdienstes der SS, »lassen ein Umsichgreifen der Vertrauenskrise zur Führung erkennen. (...) Die Zweifel an der Führung nehmen auch die Person des Führers nicht aus.« Wenig später hieß es, das Vertrauen sei »lawinenartig« abgerutscht.

Zwei konspirativ operierende Gruppen hatten sich – unabhängig voneinander – das Ziel gesetzt, Düsseldorf zu retten, beziehungsweise das, was von der Stadt noch übrig war. Zum einen die »Antifaschistische Kampforganisation«(Antifako), die der in Düsseldorf geborene niederländische Kaufmann Hermann Smeets anführte. Zum anderen ein kleiner Trupp unter Leitung des Rechtsanwalts Karl August Wiedenhofen. Zu dieser Gruppe zählten dessen Berufskollege Karl Müller, der Architekt Aloys Odenthal, der Bauunternehmer Theodor Andresen, der Bäckermeister Josef Lauxtermann, der Malermeister Karl Kleppe, der Schreinermeister Ernst Klein, der Kaufmann Josef Knab, der Jurastudent Hermann Weill sowie Theodor Winkens, verheiratet mit einer Jüdin und zuvor im Polizeipräsidium tätig. Auch Otto Goetsch, der stellvertretende Polizeipräsident, gehörte zur Wiedenhofen-Gruppe. Wie der Chef der Schutzpolizei, Oberstleutnant Franz Jürgens, war auch Goetsch Mitglied der NSDAP. Doch galten beide, hinter vorgehaltener Hand, als Kritiker, wenn nicht Gegner Hitlers.

HOHES RISIKO

Am 14. April, einem Samstag, geht plötzlich das Gerücht um, ein neuerlicher Luftangriff stehe unmittelbar bevor. Wieder Tote, wieder Zerstörung. Ein Angriff hätte freilich, zu diesem Zeitpunkt, wenig Sinn gemacht, denn er hätte US-Soldaten treffen können, die mittlerweile auch im Rechtsrheinischen nahe der Stadt standen, vor Benrath, Mettmann und Velbert. Aber für die Männer um Wiedenhofen war dieses Gerücht das Signal, jetzt ganz schnell zu handeln.

Ihr Ziel war klar – eine möglichst kampflose Übergabe Düsseldorfs an die Alliierten, keine weiteren Toten mehr, nicht noch mehr

Zerstörung. Tags zuvor war ein letzter »Durchhaltebefehl« der NS-Führung ergangen: »Jede Stadt ist zu verteidigen! Es gibt keine offene Stadt!« Wer dieser »soldatischen Pflicht und Aufgabe zuwider« handele, werde »zum Tode verurteilt«. Und das war mitnichten eine leere Drohung.

Wiedenhofen und seine Mitstreiter gingen also ein hohes Risiko ein. Ihr hochgefährlicher Plan konnte nur aufgehen, wenn es ihnen gelänge, die Schutzpolizei, 4500 Mann stark, auf ihre Seite zu ziehen. Die Wehrmacht war auf dem Rückzug, Kräfte der SS kaum vorhanden, der »Volkssturm« ein schlecht ausgebildeter Haufen. Es seien oft »alte Männer«, hatte ein US-Geheimdienstmitarbeiter notiert, »die nur noch aus Haut und Knochen bestehen, Krüppel mit Glasaugen und Holzbeinen«.

Wiedenhofen erfährt an diesem Samstag von einem getreuen Mittelsmann, dass der Chef der Schutzpolizei entschieden habe, Düsseldorf nicht weiter zu verteidigen. Noch am selben Tag treffen sich Mitglieder der Wiedenhofen-Gruppe mit Jürgens. Der Schupo-Kommandeur erklärt sich zur Mitarbeit bereit. Auch dies: hochgefährlich.

»AKTION RHEINLAND«

Am Montag, dem 16. April, meldet sich Jürgens telefonisch bei Wiedenhofen und teilt ihm mit, dass er einen Befehl von Polizeipräsident August Korreng erhalten habe, Düsseldorf bis zur letzten Patrone zu verteidigen. Korreng habe außerdem angeordnet, die Gas-, Elektrizitäts- und Wasserwerke in die Luft zu sprengen.

Am Nachmittag suchen Wiedenhofen und vier seiner Konfidenten Jürgens im Polizeipräsidium auf. Binnen Minuten ist klar, was zu tun ist: Polizeipräsident August Korreng muss festgesetzt werden, um die Kontrolle über die Stadt zu erlangen. Und es muss sofort Kontakt zu den Amerikanern aufgenommen werden.

Der Schupo-Chef lässt fünf Waffen samt Munition verteilen. Dann holt er aus seinem Schreibtisch Zigarren, Zigaretten und eine Flasche Rotwein heraus. »Dieses Henkersmahl«, so der Historiker

August Korreng, Düsseldorfer Polizeipräsident

Passierschein für August Wiedenhofen, von Franz Jürgens unterzeichnet

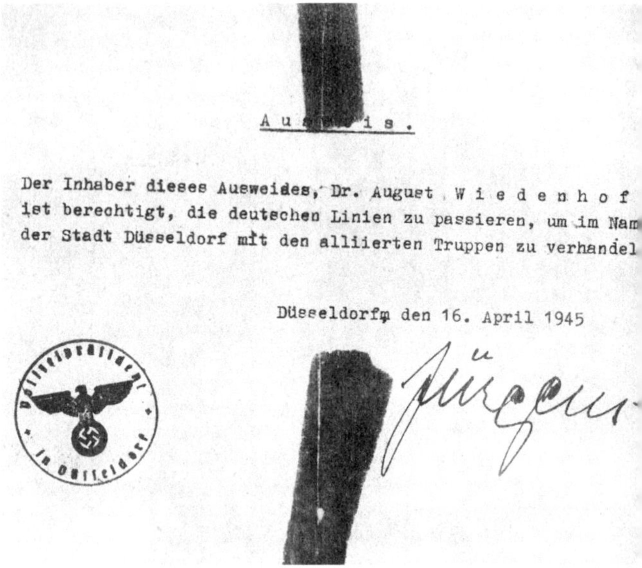

A u [...] i s .

Der Inhaber dieses Ausweides, Dr. August W i e d e n h o f[...]
ist berechtigt, die deutschen Linien zu passieren, um im Nam[...]
der Stadt Düsseldorf mit den alliierten Truppen zu verhandel[...]

Düsseldorf, den 16. April 1945

Jürgens

Volker Zimmermann, »sollte die feierliche Besiegelung« der Verschwörung sein. Ihr Tarnname: »Aktion Rheinland«.

Ein kurz andiskutierter Plan, den Polizeipräsidenten zu erschießen, wird verworfen. Offenbar deshalb, weil er noch gebraucht wird: um Auskunft zu geben über den »Werwolf« – jene nationalsozialistischen Partisanentrupps, die hinter den feindlichen Linien Sabotage betreiben und »Kollaborateure« liquidieren sollen. Erst drei Wochen zuvor hatte ein »Werwolf«-Kommando in Aachen den von den Amerikanern eingesetzten Oberbürgermeister Franz Oppenhoff getötet.

Jürgens, zwei seiner Beamten und Wiedenhofens Leute marschieren zu Korreng. Wer der Wortführer war, ob Jürgens oder Wiedenhofen, ist umstritten. Überliefert ist jedoch, von Wiedenhofen selbst, dieser O-Ton: »Herr Präsident, Sie bieten uns in den kommenden Tagen der Besetzung Düsseldorfs nicht die Gewähr für die reibungslose Abwicklung aller Dinge. Wir sind deshalb als Vertreter der Düsseldorfer Bürgerschaft gezwungen, Sie in Schutzhaft zu nehmen.« Korreng, der unbewaffnet ist, lässt sich widerstandslos abführen. Er wird in Zelle 12 des Polizeipräsidiums gebracht.

Der Schupo-Kommandeur befiehlt, die Festnahme sofort allen Beamten bekannt zu geben, und weist darauf hin, dass »derjenige erschossen« werde, »der ihn zu befreien sucht«. Er sagt auch: »Wenn die Sache schiefgeht, kann uns das den Kopf kosten.«

Otto Goetsch, der stellvertretende Polizeipräsident, formuliert eine Vollmacht für Wiedenhofen, die Jürgens unterschreibt und abstempelt. Text: »Der Inhaber dieses Ausweises ist berechtigt, die deutschen Linien zu passieren, um im Namen der Stadt Düsseldorf mit den alliierten Truppen zu verhandeln.« Im Siegel schwebt der Reichsadler, die Krallen halten das Hakenkreuz. Wiedenhofen und seinem Begleiter Aloys Odenthal werden ein Wagen samt Fahrer zur Verfügung gestellt. Und eine weiße Fahne. Das Symbol der Kapitulation.

»ALLES VERRATEN!«

Was dann geschah, liegt in ziemlichem Dunkel. Vermutlich blieben Wiedenhofen und Odenthal noch für kurze Zeit in der Stadt, weil die Wachablösung vor Korrengs Zelle organisiert werden musste. Plötzlich sei Theodor Winkens, der auch zur Gruppe gehört, auf einem Fahrrad gekommen und habe gerufen: »Alles verraten! Jürgens verhaftet! Haut ab!«. Offenbar hatte jemand aus den Reihen der Polizei den Düsseldorfer Gauleiter Friedrich Karl Florian informiert. Dieser ist nicht nur die wichtigste politische Führungskraft der Stadt, sondern auch »Reichsverteidigungskommissar« – eine Position, die Maßnahmen größter Rücksichtslosigkeit zulässt.

Gegen 16 Uhr sitzt Goetsch mit zwei Bekannten in seinem Büro, als seine Sekretärin aufgeregt meldet, Jürgens sei festgenommen worden. Die drei erkennen sofort die Brisanz der Lage – und flüchten. Goetsch versteckt sich bei einem Freund.

Gegen 18 Uhr gelingt es Wiedenhofen und Odenthal, bei Mettmann Kontakt zu den Amerikanern aufzunehmen. Die Emissäre geben ihre Waffen ab und legen die Vollmacht vor. Beide drängen darauf, nach dem Einmarsch sofort das Polizeipräsidium zu besetzen – weil von hier aus die Verteidigung der Stadt organisiert werde. Offenbar ahnen sie, dass Jürgens und die anderen Mitstreiter in größter Gefahr sind.

Erst erklärt ein hoher Offizier, es stünden 1.000 Flugzeuge bereit, Düsseldorf sturmreif zu bomben. Kurz danach heißt es: ein Bombardement sei »vorläufig zurückgestellt«, so der Historiker Volker Zimmermann. Odenthal, der die Düsseldorfer Topografie als Architekt gut kennt, schlägt anhand einer Karte zwei Routen für den Einmarsch vor – die eine über Langenfeld, die andere über Mettmann. Und zeigt, wo Panzersperren aufgebaut sind. Ein General entscheidet: Acht Panzer und 800 Soldaten reichen. Odenthal solle, wegen seiner Ortskenntnis, auf dem ersten Panzer mitfahren, Wiedenhofen auf dem zweiten.

Otto Goetsch, stellvertretender Polizeipräsident in Düsseldorf

Gauleiter Friedrich Karl Florian, 1941

DER GAULEITER DRÄNGT

Wer Franz Jürgens und die anderen verpfiff, konnte nie geklärt werden. Ein Trupp Fallschirmjäger, angeführt von dessen Kollegen Karl Brumshagen, hatte erst den Polizeipräsidenten aus seiner Zelle befreit und dann alle Mitverschwörer festgesetzt, die sich noch im Gebäude aufhielten. Gauleiter Florian informierte Generalfeldmarschall Walter Model, Befehlshaber im Ruhrgebiet, der gerade erst auch Düsseldorfer Stadtkommandant geworden war. Er ordnete ein Standgerichtsverfahren an, das umgehend stattzufinden habe. Die Besetzung überließ er offenbar dem Gauleiter. Standgerichte entschieden innerhalb kürzester Zeit, manchmal nach nur wenigen Minuten, über Leben und Tod.

Noch am selben Tag treten zwei Standgerichte zusammen. Den Vorsitz im Ad-hoc-Verfahren gegen Franz Jürgens übernimmt Oberstleutnant Brumshagen. Nach der Kriegsstrafverfahrensordnung musste der Richter kein Jurist sein – »jeder Hauptmann« durfte die »Verhandlung leiten«. Aber er sollte klar im Kopf sein. Brumshagen ist jedoch stark angetrunken. Er verurteilt Jürgens nach ganz kurzem Verhör zum Tode – offenbar auf Drängen Florians. Der mitangeklagte Stellvertreter des Schupo-Chefs, Max Gehrke, wird freigesprochen.

Das zweite Standgericht spricht kurz darauf auch vier Mitglieder der Wiedenhofen-Gruppe für schuldig: den Bauunternehmer Theodor Andresen, den Malermeister Karl Kleppe, den Kaufmann Josef Knab und "den jungen Jurastudenten Herrmann Weill."

Um 19.30 Uhr wird Franz Jürgens auf dem Hof der Berufsschule an der Färberstraße vor das Peloton gestellt. Weil sich ein Polizeioffizier geweigert hatte, das Exekutionskommando zu führen, übernimmt der Oberleutnant Heinrich Gesell. Jürgens schaut direkt auf die Gewehre und sagt: »Gesell, grüßen Sie meine Frau. Es lebe Deutschland!« Dann fallen die Schüsse.

Gegen zwei Uhr morgens am 17. April werden Andresen, Kleppe, Knab und Weill füsiliert. Ein »Beerdigungskommando« verscharrt die Leichen der fünf Männer im Hof.

Wenige Stunden später rücken die Amerikaner mit drei Bataillonen in Düsseldorf ein. Im »After-Battle-Report« heißt es ganz prosaisch: »Geringer Widerstand (...) wurde gemeldet.« Geringer Widerstand hieß, es gab keine wirklichen Kampfhandlungen. Ganz vorne mit dabei: Karl August Wiedenhofen und Aloys Odenthal. Jetzt erst erfahren sie, dass ihre fünf Mitstreiter kurz zuvor hingerichtet wurden.

TATBESTAND »MILITÄRISCHER AUFRUHR«

Vier Jahre später. Die Staatsanwaltschaft Düsseldorf erhebt Anklage gegen Friedrich Karl Florian, Karl Brumshagen und Heinrich Gesell wegen »vorsätzlicher Tötung«. Dabei gibt es zwei rechtliche Probleme: Zum einen existierten keine schriftlichen Urteile. Zum anderen waren Standgerichtsverfahren keineswegs grundsätzlich rechtswidrig. Aber die Staatsanwälte haben gravierende Formfehler aufgelistet. Etwa die Tatsache, dass im Fall Jürgens und Gehrke der Vorsitzende Brumshagen »in angetrunkenem Zustande« geurteilt habe. Dass kein Verteidiger dabei gewesen sei. Und dass Florian, der Gauleiter und Reichsverteidigungskommissar, ein Todesurteil verlangt habe – dies war in jedem Fall ein flagranter Verstoß gegen alle Vorschriften. Die Anklageschrift argumentiert außerdem, die von Jürgens »geplante Tat« sei zum »damaligen Zeitpunkt, nämlich 24 Stunden vor der Einnahme Düsseldorfs durch die Amerikaner, in den Augen aller Einsichtigen (...) die einzig pflichtbefohlene und von der Zivilbevölkerung schon lange ersehnte Maßnahme« gewesen. Zumindest das Brumshagen-Tribunal sei ein »Scheinverfahren« gewesen, »dazu missbraucht, um Männer zu beseitigen, die [sich] (...) verdienstvoll für die Allgemeinheit eingesetzt hatten«.

Das war mutig. Und eigentlich richtig. Doch ließ das Landgericht Düsseldorf all dies nicht gelten. Am 5. März 1949 erklärte es die beiden Standgerichtsverfahren für rechtens. Das Verhalten von Jürgens habe »zweifellos den Tatbestand des militärischen Aufruhrs erfüllt«, so die Kammer. Und die Tat sei »im Felde«

Siegesparade der US-Streitkräfte am 8. Mai 1945 auf dem Hindenburgwall, heute Heinrich-Heine-Allee

begangen worden, »da Düsseldorf (...) zum Operationsgebiet gehörte«. Einzig richtige Strafe daher: Todesstrafe. Und wenn die Stadt übergeben worden wäre, hätte »im Felde begangener Landesverrat, genannt Kriegsverrat« vorgelegen. Einzig richtige Strafe auch hier: Todesstrafe.

Formale Einwände wurden weggewischt, die Tatsache, dass Brumshagen getrunken hatte, spielte ebenfalls keine Rolle. Die Richter verstiegen sich vielmehr zu einer wahnwitzigen Überlegung: »Wenn es Jürgens gelungen wäre, (...) alle Gewalt an sich zu reißen, wäre es sicherlich nicht nur im Präsidium, sondern im ganzen Gebiet zu Schießereien, blutigen Unruhen, vielleicht zu chaotischen Zuständen gekommen.« Das Gericht sprach die Angeklagten Brumshagen, Florian und Gesell frei.

Das Urteil löste umgehend scharfen Widerspruch aus. Der Düsseldorfer Oberbürgermeister Josef Gockeln, ein CDU-Mann, der gleichzeitig Präsident des nordrhein-westfälischen Landtags war, schrieb am 8. März 1949 an seinen Parteifreund Ministerpräsident Karl Arnold: Der Hauptausschuss, die »politische Vertretung der Düsseldorfer Bürgerschaft«, protestiere und erhebe »schärfsten Einspruch gegen das jedem gesunden Rechtsempfinden widersprechende Urteil«. Die Staatsanwaltschaft, die für Brumshagen acht Jahre, für Florian und Gesell angesichts der ziemlich schlechten Beweislage nach der Hauptverhandlung nur noch Freispruch gefordert hatte, ging in Revision.

Zuständig war nun der Oberste Gerichtshof in der Britischen Zone, genannt OGHBZ. Dieses Unikum deutscher Rechtsgeschichte residierte von März 1948 bis September 1950 in Köln. Vorsitzender Richter war der Anwalt Ernst Wolff, ein NS-Gegner. Das Gericht legte einen anderen Maßstab an – nämlich das Kontrollratsgesetz (KRG) Nummer 10, das seit Dezember 1945 galt und »Verbrechen gegen die Menschlichkeit, Gewalttaten und Vergehen« verfolgte – und zwar »ohne Rücksicht darauf«, dass dadurch das »nationale Recht des Landes, in welchem die Handlung begangen worden ist, verletzt« werden könnte. Das hieß übersetzt: Das KRG stand über dem deutschen Recht.

Das »Vorgehen von Jürgens und seinen Gefährten« fordere »beim Blick auf die Beweggründe (...) eine denkbar milde Beurteilung«, stellten die Kölner Richter im November 1949 fest. Sie seien »keine Verbrecher im landläufigen Sinne« gewesen, die Todesstrafe wäre »ein unmenschliches Unrecht«, wenn sich herausstellte, dass die Standrichter deshalb so urteilten, »weil sie etwa glaubten, ein Gegner des Nationalsozialismus müsse oder dürfe (...) in jedem Falle zum Tode verurteilt werden«. Das OGHBZ ordnete deshalb einen neuen Prozess vor dem Landgericht Wuppertal an.

Im Dezember 1950 erklärte der Wuppertaler Kammervorsitzende nach kurzer Verhandlung die Todesurteile für rechtmäßig und sprach Brumshagen – nach deutschem Recht – in diesem Punkt frei. Aber, und dies muss ein ziemlicher Spagat gewesen sein, er wandte auch, wie von Köln gefordert, das einschlägige KRG an: Brumshagen wurde deshalb zu vier Jahren Haft verurteilt, weil zwar nicht das Urteil selbst, wohl aber dessen Vollstreckung »unmenschlich« gewesen sei. Die Staatsanwaltschaft ging erneut in Revision. Ihr Ziel: ein Urteil wegen Mordes.

Mittlerweile war der Bundesgerichtshof (BGH) installiert und als letzte Instanz für den Fall zuständig. Er verkündete am 4. Dezember 1952 das endgültige Urteil: Freispruch für Brumshagen. Das, was Jürgens (und auch die anderen) »im Kriege und im Angesicht des Feindes« getan hatten, sei zu Recht »als schweres todeswürdiges Verbrechen angesehen und geahndet« worden.

»Im Angesicht des Feindes«, »schweres todeswürdiges Verbrechen« – das war Nazi-Diktion, Nazi-Denken.

VERTEIDIGER IN EIGENER SACHE

Hätte sich die Rechtsauffassung der Düsseldorfer Staatsanwälte – und die des OGHBZ – durchgesetzt, dann wäre vielleicht früh schon in der Bundesrepublik eine tiefe Debatte über die Wehrmachtsjustiz und ihre mörderischen Instrumente Standgericht und Fliegendes Standgericht geführt worden. So aber bestimmten Apologeten den Ton – und sie waren vor allem Verteidiger in eigener Sache. Wie etwa Gerhard Gaul, Ende der 1960er-Jahre CDU-Minister in Schleswig-Holstein, später fünf Jahre lang Lübecker Stadtpräsident und Träger des Bundesverdienstkreuzes. Er war als Richter bei Hitlers Marine für mindestens zwei Todesurteile verantwortlich, Begründung in einem Fall: »Asoziale Elemente (...) müssen rücksichtslos ausgemerzt werden.«

Oder Hans Karl Filbinger, von 1966 bis 1978 CDU-Ministerpräsident von Baden-Württemberg. Im besetzten Norwegen soll er, als Staatsanwalt und als Richter, an mehreren Todesurteilen mitgewirkt haben. »Was damals Recht war, kann heute nicht Unrecht sein«, erklärte Filbinger noch 1978. Ein Zitat, das er bald in Abrede stellte.

Die Wahrheit kam erst heraus, als der Privatforscher Fritz Wüllner, ein ehemaliger Wirtschaftsmanager, dessen Bruder 1940 in einem Strafbataillon unter mysteriösen Umständen zu Tode gekommen war, sich der Sache annahm. Mit Unterstützung von Manfred Messerschmidt, Chefhistoriker des Militärgeschichtlichen Forschungsamts in Freiburg, wertete Wüllner Abertausende einschlägige Archivdokumente akribisch aus. Die Ergebnisse veröffentlichte er 1991 unter dem Titel *Die NS-Militärjustiz und das Elend der Geschichtsschreibung.*

Demnach hatten zwischen 1939 und 1945 Hitlers Kriegsrichter 40.000 Soldaten, vielleicht sogar 50.000 zum Tode verurteilt. Wohl 30.000 dieser Männer wurden durch Erschießungskommandos oder Scharfrichter getötet, oft wegen Nichtigkeiten und oft, wie es hieß, »zur Abschreckung«. Wie viele Soldaten oder Zivilisten in den letzten Wochen des Krieges nach kürzestem Prozess exekutiert wurden, ist nicht zu ermitteln – zu chaotisch war das Wüten der Standgerichte. Günter Weisenborn, Autor des Buchs *Der lautlose Aufstand*, schätzt ihre Zahl auf 7.000 bis 8.000.

Diese Schreckensbilanz ist einmalig in der deutschen Geschichte. Unbarmherzige Militärrichter sprachen mehr Todesurteile aus als die berüchtigten Sondergerichte und der Volksgerichtshof des Blutrichters Freisler zusammen.

Jahrzehntelang weigerte sich die Politik strikt, sich mit diesem dunklen Kapitel der neueren deutschen Geschichte zu befassen – der Aufklärung von Verbrechen, die Juristen begangen hatten. Hitlers Juristen.

Es habe »einen regelrechten Widerwillen« gegeben, stellte der Rechtswissenschaftler Günter Spendel fest. Der parlamentarische Weg sei »beschämend« lang gewesen, konstatierte der grüne Bundestagsabgeordnete Volker Beck.

Einen ersten Versuch gab es bereits im Februar 1950, knapp fünf Jahre nach Kriegsende. Doch er scheiterte kläglich, wie spätere Anläufe auch. Nie kam unter den Abgeordneten eine Mehrheit zustande. Bis der Bundesgerichtshof in Karlsruhe am 16. November 1995 in einem Grundsatzurteil feststellte, »willfährige Richter und Staatsanwälte« hätten das nationalsozialistische Regime »gestützt«. Es habe »eine Perversion der Rechtsordnung« gegeben, wie sie »schlimmer kaum vorzustellen« sei. Ein Verdikt, endlich.

Nach dem Karlsruher Spruch kamen aus Sachsen-Anhalt und dem Land Berlin neuerliche Anregungen, dieses Thema endlich politisch anzugehen. Brandenburg, Hamburg und Schleswig-Holstein schlossen sich an. Fast drei Jahre später endlich eine politische Konsequenz: Am 25. August 1998 beschloss der Bundestag einstimmig, alle »strafgerichtlichen Entscheidungen, die unter Verstoß gegen elementare Gedanken der Gerechtigkeit (...) zur Durchsetzung oder Aufrechterhaltung des nationalsozialistischen Unrechtsregimes (...) ergangen sind«, aufzuheben.

Das Gesetz zur Aufhebung nationalsozialistischer Unrechtsurteile in der Strafrechtspflege betraf auch jene Urteile, die sogenannte Standgerichte in wildem Furor in den letzten Kriegswochen gefällt hatten. Hiermit, sagte Bundesjustizminister Edzard Schmidt-Jortzig, »tilgen wir (...) den letzten Anschein der Fortgeltung nationalsozialistischen Unrechts«. Dies sei eine »bedeutende, eine grundsätzliche Stunde«.

Damit waren, weit über 50 Jahre nach Kriegsende, auch die Todesurteile gegen jene fünf Männer null und nichtig, die als Helden der Düsseldorfer Geschichte gelten können.

Nach Theodor Andresen, Karl Kleppe, Josef Knab, Hermann Weill und Karl August Wiedenhofen sind in den Stadtteilen Golzheim und Hellerhof Straßen benannt. Nach Aloys Odenthal, der 1985 Ehrenbürger der Stadt Düsseldorf wurde, ein Platz in Gerresheim und eine Schule. Bis zu seinem Tod im November 2003 berichtete er als Zeitzeuge immer wieder über die dramatischen Tage im April 1945 – und warnte beständig vor Rechtsextremisten und Neo-Nazis. Die Adresse des Polizeipräsidiums nahe dem Rhein lautet, seit Jahrzehnten schon, Jürgensplatz 5 – 7. Wiedenhofen, der nach Jürgens wohl wichtigste Akteur bei der »Aktion Rheinland«, starb 1978.

In einer ursprünglich auf dem Hof der Berufsschule an der Färberstraße angebrachten Gedenktafel werden die fünf hingerichteten Helden eher zurückhaltend als »pflichtbewusste Bürger« geehrt. Man wollte ihnen posthum das Bundesverdienstkreuz verleihen. Eine Idee, die aus der Düsseldorfer Bürgerschaft kam. Daraus ist nie etwas geworden.

»WIR KÖNNEN DEN GANZEN LANDESVERBAND ERBEN«

WIE EINE NAZI-CLIQUE VERSUCHTE, DIE FDP ZU UNTERWANDERN

14. JANUAR 1953

Büderich, ein kleiner Ort dicht an der Stadtgrenze zu Düsseldorf. Mittwoch, der 14. Januar 1953, später Abend. Vor den Geschäftsräumen einer Firma an der Niederlöricker Straße, die mit dem Import und Export aller möglichen Güter ihr Geld verdient, marschieren zwei britische Offiziere und 20 Militärpolizisten auf, bewaffnet mit Maschinenpistolen. Der Einsatzleiter präsentiert einen Haftbefehl – ausgestellt auf den Namen Werner Naumann, geboren am 16. Juni 1909 im schlesischen Guhrau.

Naumann, Doktor der Volkswirtschaftslehre, ist hier Prokurist. Kaum jemand kennt ihn. Während der NS-Diktatur war er hingegen prominent: Staatssekretär im Reichspropagandaministerium und engster Vertrauter von Joseph Goebbels. In seinem politischen Testament hatte Hitler den SS-Brigadeführer zum Goebbels-Nachfolger bestimmt.

Fast zeitgleich greifen sich die Briten in Solingen den früheren NSDAP-Ortsgruppenleiter und Ex-Landrat Heinz Siepen, Mitbesitzer der Punktal-Stahlwerke. In Hamburg werden vier Männer verhaftet: Gustav Adolf Scheel, Assistenzarzt am Rautenberg-Krankenhaus, ehedem Reichsstudentenführer. Heinrich Haselmayer, ebenfalls Mediziner, beteiligt 1923 am Hitler-Putsch in München, Herausgeber eines Buchs über die notwendige Sterilisierung sogenannter Erbkranker. Paul Zimmermann, wie Naumann Ex-SS-Brigadeführer. Und Karl Scharping, unter Goebbels ein wichtiger Mann in der Rundfunkabteilung des Ministeriums, das ständig für den »Führer« trommelte.

Wenige Stunden danach wird in Düsseldorf Karl Kaufmann geschnappt, bis 1945 Hitlers Gauleiter in Hamburg. Er ist auf Geschäftsreise hier.

Sieben auf einen Streich. Ein achter stellt sich später selbst – der Journalist Karl Friedrich Bornemann. Er ist Herausgeber eines ganz rechten Zeitungsdienstes und eine Art Archivverwalter für Naumann.

DIE BRITEN GREIFEN DURCH

Das Foreign Office in London, Großbritanniens Außenministerium, am 15. Januar kurz nach sieben Uhr: Pressekonferenz, außergewöhnlich zu dieser frühen Stunde. Der Chef der Presseabteilung verteilt eigenhändig ein Kommuniqué an die Journalisten. Auch dies ist außergewöhnlich und unterstreicht, welche Bedeutung dieser Termin für ihn hat.

»Es ist den britischen Behörden seit einiger Zeit bekannt«, heißt es in dem Papier, »dass eine Gruppe ehemaliger führender Nazis sich mit Plänen zur Wiederergreifung der Macht in Westdeutschland befasst. (…) Auf dem Gebiet der Außenpolitik war das Hauptziel dieser Gruppe die Verbreitung antiwestlicher Anschauungen. (…) Der britische Hohe Kommissar [hat] entschieden, dass die Tätigkeit dieser Gruppe näher zu untersuchen ist. Auf seine Anweisung sind die Rädelsführer verhaftet (…) worden,

Gustav Adolf Scheel, einst Reichsstudentenführer, hier 1940 in Heidelberg

Verhaftung von Werner Naumann, 14. Januar 1953

damit festgestellt werden kann, in welchem Umfang die Tätigkeit dieser Männer innerhalb und außerhalb der Bundesrepublik im gegenwärtigen Augenblick eine Bedrohung der Sicherheit der alliierten Streitkräfte darstellt.« Die Männer werden nach Werl gebracht, ins dortige Zuchthaus. Hier sitzen auch einige Generäle Hitlers ein, die wegen Kriegsverbrechen verurteilt wurden.

Der Hohe Kommissar, quasi Londons Statthalter hierzulande, ist Sir Ivone Kirkpatrick. Ein Berufsdiplomat, der die Politik von Bundeskanzler Konrad Adenauer, nämlich sich gen Westen zu orientieren, massiv förderte. Der aber auch, so urteilte der Zeitgeschichtler Manfred Görtemaker, »Deutschlands Wiederaufstieg zu verhindern suchte«.

Am Abend tritt Kirkpatrick selbst auf. Er sagt, Adenauer sei »laufend« über die Ermittlungen gegen die »Verschwörerorganisation« unter Naumanns Führung informiert worden und sei mit den Verhaftungen »einverstanden«. Der Hohe Kommissar erklärt auch, warum man keine deutschen Polizisten habe einsetzen können: Briten seien »nicht durch das Grundgesetz« gehindert, ihre Vollmachten »größer«. Tatsächlich garantierte das seit September 1949 geltende und im März 1951 zugunsten der Souveränität Westdeutschlands revidierte Besatzungsstatut den Alliierten weitreichende Rechte. Dann stellt er nüchtern fest, die Nazi-Clique um Naumann habe »systematisch« versucht, die nordrhein-westfälische FDP zu unterwandern. Um einen »kalten Staatsstreich« zu planen. Um wichtige Figuren in der Politik zu werden. Um vielleicht irgendwann mitzuregieren.

Die Briten hatten mit dem Zugriff, ein gutes halbes Jahr nach Unterzeichnung des Deutschland-Vertrags, der das Besatzungsstatut ablöste, auf spektakuläre Weise klargemacht, dass sie immer noch Machthaber waren. Sie hatten auch keine Scheu gezeigt, schreibt der Historiker Ulrich Herbert, »diese Macht einzusetzen, wenn auf deutscher Seite die verlangte Distanz zum Nationalsozialismus nicht eingehalten wurde«. Dass diese Distanz immer geringer wurde, belegten demoskopische Daten der amerikanischen Kollegen. Demnach war die Zahl jener, die im Nationalsozialismus

Werner Naumann als Staatssekretär im Reichspropagandaministerium von Joseph Goebbels, 1944

»mehr Gutes als Schlechtes« sahen, von Mai 1951 bis Dezember 1952 von 34 auf 44 Prozent gestiegen. 56 Prozent aller befragten Jugendlichen zwischen 18 und 24 Jahren waren der Ansicht, eine einzige, starke – und national ausgerichtete – Partei reiche aus.

Nach dem Schock des Kriegsendes und noch vor den Urteilen im Hauptkriegsverbrecherprozess von Nürnberg hatten es fast 80 Prozent der Bürger für gut und richtig erachtet, die nationalsozialistischen Führer zur Verantwortung zu ziehen. 1950, die zahlreichen Nürnberger Prozesse waren kaum vorbei, stimmten gerade noch 38 Prozent dafür – das Unwort dieser Jahre hieß: Schlussstrich.

Die Deportation der Juden, der Massenmord in den Vernichtungslagern: kaum ein Thema. Die Verstrickung der Wehrmacht: kein Thema. Und niemand interessierte sich so recht dafür, dass die alten NS-Eliten es sich in neubürgerlicher Sekurität unbehelligt von Polizei und Justiz gut gehen ließen.

BELEIDIGTE REAKTIONEN

Auf die Kirkpatrick-Aktion reagierten weite Teile der deutschen Öffentlichkeit mit spürbarer Ablehnung. Viele Zeitungskommentatoren brachten einen »beleidigten Nationalstolz zum Ausdruck«, weil sie die deutsche Souveränität verletzt glaubten, so der Historiker und Journalist Heiko Buschke. Das Hamburger Nachrichtenmagazin *Der Spiegel*, dessen Herausgeber Rudolf Augstein selbst FDP-Mitglied war, schrieb Naumanns Truppe regelrecht herunter. Sie sei »eher eine NS-Erinnerungsgemeinde und braune Hilfe, die Stellungen vermitteln wollte. (…) Die meisten der etwa hundert Gesinnungsfreunde waren nur durch gelegentliche Besuche und Korrespondenzen verbunden«. Naumanns Kurs sei »geläuterter Nationalsozialismus«.

Dass die Briten dies völlig anders beurteilten, belegte eine kurz zuvor erstellte Analyse ihrer Geheimdienstler. Dieser »Crypto-Nazismus« stelle derzeit zwar keine »direkte Gefährdung der Sicherheit des Grundgesetzes« dar, er könne aber schon bald

»weitere und einflussreiche Kreise mit wildem und kompromisslosem Nationalismus infizieren«, hieß es darin.

Die *Frankfurter Allgemeine Zeitung* sprach von einer »angeblichen Verschwörung«. Politikchef Paul Sethe beklagte, die »halbe Welt« habe den Schluss ziehen müssen, »in Deutschland bestehe eine ernsthafte nationalsozialistische Gefahr«. Kirkpatrick sei es gelungen, mit den Zugriffen in kürzester Zeit »mehr Neo-Nazis« zu schaffen, als es Naumann und Co. »im Schweiße ihres Angesichts in Jahren fertig gebracht« hätten. Die *Süddeutsche Zeitung* schrieb, man sei »fürs erste verblüfft, weil die sachlichen Voraussetzungen einer wirklichen Bedrohung unseres Staatswesens durch Nationalsozialisten so gar nicht gegeben scheinen«.

Axel Springers *Die Welt* teilte allerdings die Sorge der Briten: »Wiedererlangung der Macht! Antiwestliche Propaganda! Es läuft einem kalt über den Rücken, wenn man solches hört. Es ist beängstigend, dass (…) solche (…) Menschen nicht als pathologische Narren den zuständigen Gesundheitsbehörden überwiesen werden können, sondern als politische Faktoren dingfest gemacht werden mussten.«

Politikbeobachter führender ausländischer Zeitungen fürchteten gar um Deutschlands Zukunft. »Die Nazi-Bewegung«, hieß es etwa im Londoner *Daily Telegraph*, könnte »eine neue Herausforderung für die Zivilisation bedeuten«. Der französische *Le Figaro* schrieb, die Enttarnung der sinistren Truppe werde möglicherweise »dazu beitragen, neues Misstrauen im Ausland gegenüber einem Deutschland, das politisch so wenig sicher ist, (…) zu erwecken«. Und in *Le Monde* stand, »überall in Westdeutschland« würden alte Nazis wieder ihre »Köpfe erheben«.

Die Verlautbarungen der Bonner Politiker pendelten hingegen zwischen Zustimmung und leichter Kritik. In SPD-Kreisen hieß es ziemlich zurückhaltend, auf diese Weise werde »von außen her deutsche Innenpolitik« gemacht. Adenauer war da ganz anderer Meinung. »Ich glaube«, sagte er im CDU-Bundesvorstand, »diese Aktion wird wirklich dazu beitragen, dass diese rechtsradikalen Elemente zurückgedrängt« werden, »dieses Geschwür« sei »im

Entstehen ausgelöffelt« worden. Am 19. Januar gab er im Deutschen Bundestag eine Regierungserklärung ab: »Mit aller Deutlichkeit sage ich, dass ich es verurteile, dass ehemals führende Nationalsozialisten versuchen, eine Rolle im politischen und öffentlichen Leben der Bundesrepublik zu spielen.«

Indes, der Vorsitzende der nordrhein-westfälischen FDP, Friedrich Middelhauve, redete die Geschichte klein. Zwischen den verhafteten Männern und seiner Partei hätten »keine Beziehungen« bestanden, alle Verdächtigungen »entbehrten jeder Grundlage«. Als Chef stelle er sich, »solange nicht das Gegenteil nachgewiesen« sei, »schützend« vor seine Leute.

Ein Fehler. Oder eine falsche Behauptung, vulgo: eine Lüge.

»VETERANENTREFFEN DER WAFFEN-SS«

Ein Blick zurück: 1947, zwei Jahre nach Kriegsende. Im August war der Verleger Middelhauve, Jahrgang 1897, zum Vorsitzenden der kurz zuvor gegründeten FDP in Nordrhein-Westfalen gewählt worden. Er galt nicht als Parteigänger Hitlers und deshalb als politisch »unbelastet«. Eine Art Schöngeist, promoviert zum Doktor der Philosophie mit einer Arbeit über Adalbert Stifters Roman *Der Nachsommer*. In seinem Verlag, den bald seine Tochter Gertraud übernehmen sollte, erschienen die ersten Werke eines Literaten, der später Nobelpreisträger wurde – Heinrich Böll.

Friedrich Middelhauve, der Mitglied des Düsseldorfer Landtags (und zeitweise Bundestagsabgeordneter) war, setzte sich für die sofortige Beendigung aller Entnazifizierungsverfahren[2] ein, die von den allermeisten Deutschen als »Siegerjustiz« gebrandmarkt wurden, und er ermunterte »auch einst führende Nationalsozialisten ausdrücklich, in der Partei mitzuarbeiten«. Er schätzte die Lage offenbar genauso ein wie sein hessischer Kollege August Martin Euler, der davon überzeugt war, dass die »ehemaligen Nazis oft bessere Mitkämpfer gegen den Totalitarismus« seien als viele, »die sich einbilden, schon immer Demokraten gewesen zu sein«. Eine äußerst gewagte These.

Friedrich Middelhauve, Vorsitzender der nordrhein-westfälischen FDP, 1953

Auf Middelhauves Agenda stand noch eine andere Forderung: Generalamnestie, keine Ermittlungen mehr, keine Prozesse mehr – auch wenn es um Mord oder Kriegsverbrechen ging. So wundert es nicht, dass »manche Parteiversammlungen eher einem Veteranentreffen der Waffen-SS glichen«, wie es der FDP-Chronist Udo Leuschner salopp formulierte. Spiritus Rector der Forderung nach einer Generalamnestie – die später am Veto des US-Hochkommissars John Jay McCloy scheitern sollte – war ein Parteifreund und Fraktionskollege von Middelhauve: der Essener Rechtsanwalt Ernst Achenbach, Jahrgang 1909.

Achenbach hatte eine Zeitlang vor den Nürnberger Tribunalen verteidigt, dann aber die Mandate niedergelegt. Bald schon galt er in der Ruhrmetropole »als Modeanwalt«, schrieb *Die Zeit,* und »paukte vor den Entnazifizierungsausschüssen die einstigen Verantwortlichen der Industrie durch«. In seiner Kanzlei arbeitete der frühere SS-Obergruppenführer Franz Six, der im Berliner Reichssicherheitshauptamt die Abteilung VII (»Gegnerforschung«) geleitet hatte, sowie Werner Best, ebenfalls Obergruppenführer, der entscheidend am Aufbau der Gestapo und des Sicherheitsdienstes (SD) beteiligt war.[3] Der promovierte Jurist galt als Organisator der Generalamnestie-Kampagne.

Für seine FDP leistete Achenbach schon deshalb wertvolle Dienste, weil er ein unermüdlicher Geldeintreiber war. Zeitweise sorgte der Landesverband Nordrhein-Westfalen für drei Viertel der Gesamteinnahmen auf Bundesebene. Zu den eifrigen Spendern gehörte der Industrielle Hugo Stinnes jr., der 1933 gemeinsam mit anderen Unternehmern Hitlers NSDAP alimentiert hatte.

»PFLICHT NACH RECHTS«

Am 26. August 1950, einem Samstag, besuchte Ernst Achenbach in Büderich einen Mandanten, den er ebenfalls im Entnazifizierungsverfahren vertrat – Werner Naumann. Der Ex-Staatssekretär im Kabinett Hitlers fertigte über das lange Gespräch mit seinem Anwalt ein aufschlussreiches Protokoll an. Themen waren die

Politik im Allgemeinen und im Besonderen. Mal ging es um die Geburtenfreudigkeit in Frankreich, mal um den Bolschewismus.

Achenbach beschwerte sich über seinen Parteichef Franz Blücher, den Bundesvorsitzenden der FDP, der »ein unmöglicher Mensch« sei und »dessen Zurechnungsfähigkeit« er bezweifle. Kanzler Adenauer kam deutlich besser weg: Der sei »nicht die schlechteste Lösung. (...) Ein Volk in dieser Lage, ohne nationale Souveränität, von Hohen Kommissaren regiert, braucht Stresemänner«. Gestandene Typen also, wie den energischen früheren Reichskanzler.

Und dann die entscheidende Sequenz des Protokolls, in der Naumann eine Idee, einen Plan Achenbachs wiedergibt: »Um den N.S. [= Nationalsozialisten] einen Einfluss auf das politische Geschehen zu ermöglichen, sollen sie in die F.d.P. eintreten, sie unterwandern und ihre Führung in die Hand nehmen. An Einzelbeispielen erläutert er, wie leicht das zu machen wäre. Mit nur 200 Mitgliedern können wir den ganzen Landesvorstand erben. Mich will er als Generalsekretär o.ä. engagieren!!« Achenbach sei es »so ernst«, dass er »zum Schluss bedeutet: entweder wir nehmen an und unterstützen ihn – oder er zieht sich aus der Politik zurück«.

Vielleicht fühlte sich Naumann geehrt, vielleicht herausgefordert. Jedenfalls forcierte er bereits bestehende Kontakte zu alten Nazis und knüpfte ein Netz »geheimbündlerisch agierender Verbindungen«, so der Historiker Ulrich Herbert, die sich mal »Herrenclub« nannten, mal »Bruderschaft«, mal »Gauleiter-Kreis«. Naumann war der unumstrittene Chef dieses Zirkels, dem etwa 30 Männer und eine Frau angehörten, darunter auch der ehemalige Düsseldorfer Gauleiter Friedrich Karl Florian (siehe Kapitel 1). Vorrangiges politisches Ziel: die Generalamnestie zu erkämpfen.

Parallel zu diesen Rekrutierungen hatten Middelhauve und sein Mitstreiter Achenbach die Losung ausgegeben: »Pflicht nach rechts«. Sie wollten aus der FDP den Kern einer »Nationalen Sammlung« machen und die Freidemokraten als dritte Kraft – nach Union und SPD – etablieren. »Pflicht nach rechts« bedeutete ganz selbstverständlich, dass Middelhauve willens war, frühere Hitler-Gefolgsleute nicht nur als Wähler zu gewinnen, sondern auch »als aktive Mitarbeiter der Partei«.

Bald schon amtierte Heinz Wilke, ein Hitlerjugend-Führer und ehedem Chefredakteur des HJ-Blatts *Wille und Macht*, als Geschäftsführer der Düsseldorfer FDP-Landtagsfraktion, sein Gehalt zahlte Stinnes. Siegfried Zoglmann, hochdekorierter SS-Obersturmführer, redigierte das FDP-Wochenblatt *Die deutsche Zukunft*. Werner Best, der Organisator der Generalamnestie-Kampagne, arbeitete zeitweise "für den nordrhein-westfälischen FDP-Vorstand", und Wolfgang Diewerge, ein extremer Antisemit und ehemaliger SS-Standartenführer, der wie Naumann einst im Reichspropagandaministerium tätig war, fungierte als persönlicher Referent Middelhauves - von Achenbach wärmstens empfohlen. Sowohl Zoglmann als auch Diewerge zählten zu Naumanns Vertrauten. Und damit schien klar, dass die Unterwanderung der FDP schon weit fortgeschritten war.

Die Alt-Nazis nahmen tatsächlich immer stärkeren Einfluss auf die FDP. So gehörte es zu Diewerges Aufgaben, Parteimitglieder dahingehend zu schulen, dass sie, nach Einschätzung des Historikers Kristian Buchna, »als Multiplikatoren des nationalen Sammlungskurses eingesetzt« werden konnten, eine »fast zynische Personalentscheidung«. Nebenbei versorgte Diewerge die Naumann-Truppe mit vertraulichen Informationen aus dem Parteiapparat.

»BÜRO FÜR GENERALAMNESTIE«

Bald gab es keine Hemmschwelle mehr, wie auch das »Deutsche Programm« der FDP-Rechten beweist, das eine glatte Absage an den demokratischen Liberalismus war. Zwar konnte sich der rechte Flügel auf dem Bundesparteitag der FDP in Bad Ems Mitte November 1952 damit nicht gegen das von den Hamburger Parteikollegen vorgelegte »Liberale Manifest« durchsetzen, doch wurde Middelhauve, der wichtigste Verbündete der Rechten, zum stellvertretenden Parteivorsitzenden gewählt. Damit war seine Position stärker denn je.

Der in Dänemark verurteilte NS-Kriegsverbrecher Werner Best organisierte die Generalamnestie-Kampagne

Insbesondere ausländische Beobachter sahen darin eine Art Menetekel. In der Züricher *Die Tat* schrieb der Publizist Fritz René Allemann scharf und präzise: »Der rechte Flügel (...) hat dank der Dynamik und Bedenkenlosigkeit seiner Führung die Altliberalen glatt überwunden. (...) Was sich da vollzogen hat, ist nichts anderes als eine ›kalte‹ Machtübernahme (...) der alten nationalsozialistischen Equipe. (...) Großindustrielle Finanzkraft vereinigt sich in dem Middelhauve-Kreis mit erprobter nationalsozialistischer Propagandatechnik.«

Auch der Berliner Korrespondent der schwedischen Tageszeitung *Dagens Nyheter* berichtete detailliert über Naumann und Achenbach. Dessen Kanzlei nannte er »Büro für Generalamnestie« und spekulierte, die Rechtsaußen der Partei könnten eine »neue Harzburger Front« bilden. Die alte »Harzburger Front«, ein Zusammenschluss der rechtsradikalen »Nationalen Front«, zu der etwa Nationalsozialisten und die »Stahlhelm«-Organisation mit ihren früheren Frontsoldaten gehörten, hatte im Oktober 1931 versucht, Reichskanzler Heinrich Brüning zu stürzen. Führende Köpfe saßen später in der Hitlerregierung.

Die Journalisten hatten offenbar von britischen Ermittlern vertrauliche Informationen bekommen. Der Secret Service hörte wohl seit dem Sommer 1952 die Telefone Naumanns und seiner Konfidenten ab. Das Bundesamt für Verfassungsschutz in Köln assistierte – wahrscheinlich auch bei Observationen.

Im Spätherbst waren die klandestinen Ermittlungen abgeschlossen. Hochkommissar Kirkpatrick informierte Otto Schlecht, den Staatssekretär im Bundeskanzleramt. Der notierte: »Größte Besorgnis« der Briten, dass »radikale nationalsozialistische Kreise« nach vorne drängten. »Notfalls« gezwungen, »Maßnahmen zu ergreifen und gewisse Zusammenhänge zu enthüllen, durch die die FDP sehr belastet wäre.« Am 15. Dezember informierte Adenauer den CDU-Bundesvorstand, er sei »von einer ausländischen Macht gebeten« worden, den »Naumann-Kreis verhaften zu lassen« – und fügte hinzu: »Für einen solchen Schritt fehlt mir die Handhabe.« Dann, am Abend des 14. Januar 1953 und danach, die

Zugriffe. Vier Lastwagen benötigten die Briten, um das sichergestellte Beweismaterial abzutransportieren. Darunter das bei Karl Friedrich Bornemann konfiszierte Archiv, das auch Naumanns Notiz über sein Treffen mit Achenbach enthielt.

HALBHERZIGE AUFKLÄRUNG

Der FDP-Bundesvorstand reagierte auf die Verhaftungswelle, indem er die »Vermutung antidemokratischer Tendenzen innerhalb der eigenen Partei« erst einmal zurückwies, so der Politikwissenschaftler Gerd Papke. Dann entschied die Parteispitze aber schnell, eine dreiköpfige Untersuchungskommission einzusetzen, die mit Bundesjustizminister Thomas Dehler, Bundesbauminister Fritz Neumayer sowie dem niedersächsischen Bundestagsabgeordneten Alfred Onnen hochkarätig besetzt war.

Die Briten unterstützten die Arbeit der Kommission, gewährten Einblick in die einschlägigen Akten und boten den Aufklärern so die Chance, die Protagonisten gezielt zu befragen. Etwa den Juristen Achenbach.

Der bestritt anfangs, gegenüber Naumann jemals »derartige Äußerungen in diesem Wortlaut oder auch in diesem Sinne getan zu haben«. Dann differenzierte Achenbach: Naumann habe fast alle »Gesprächsinhalte durchaus korrekt wiedergegeben«, auch das, was er über Parteichef Blücher gesagt habe. Die Passage über eine geplante Unterwanderung der nordrhein-westfälischen FDP sei freilich »dummes Zeug« und mit seiner »grundsätzlichen Haltung unvereinbar«. Vielleicht habe er gesagt, »wer anständig ist, kann bei uns etwas werden wie jeder andere auch«. Überdies habe er Naumann »nicht für ernst genommen«. Für ihn gebe es »nicht den geringsten Anlass, den Nationalsozialismus wieder aufleben zu lassen«. Im Gegenteil, er wolle »gerade verhindern, dass sich eine radikale Opposition bilde«.

Achenbachs Verteidigungsstrategie zog nicht. Naumanns Niederschrift sei »mit großer Präzision« erfolgt, heißt es im Schlussbericht der parteiinternen Untersuchungskommission. Das Gespräch sei der Versuch gewesen, die Unterwanderung des nordrhein-westfälischen Landesverbands »politisch zu starten«. Damit habe Achenbach der »Gesamtpartei schwer geschadet«, sein Rauswurf sei »unabweisbar«. Dass Mitarbeiter »hohe Ränge in der Nazizeit eingenommen« hätten, sei für die Partei »eine Gefahr in sich«.

Aber, so das Fazit des Berichts, kein »führendes Mitglied« habe eine »belastende Verbindung« zum Kreis um Naumann, die FDP sei nicht »unterwandert« worden. Middelhauve, der NRW-Landesvorsitzende und stellvertretende Bundesvorsitzende, war damit aus dem Schneider – und machte weiter Karriere. Von 1954 bis 1956 amtierte er in Düsseldorf als Minister für Wirtschaft und Verkehr und stellvertretender Ministerpräsident.

Die Bewertung des Untersuchungsausschusses war in sich wenig schlüssig. Natürlich war Achenbach ein »führendes Mitglied« der Partei. Zwar mussten drei Mitarbeiter der FDP, unter ihnen Diewerge, den Parteidienst quittieren. Entgegen der Empfehlung der Untersuchungskommission kam der Ehrenrat des Landesverbands jedoch zu der Erkenntnis, Achenbach könne keinerlei »parteischädigende« oder »ehrenrührige Aktivitäten« nachgewiesen werden. Deshalb entschied der Parteivorstand einstimmig, der Anwalt bleibe in der Partei. Bald schon war er wieder unabkömmlich: als Spendeneintreiber.

KARLSRUHE SCHALTET SICH EIN

Zeitgleich zu den internen FDP-Recherchen forcierten die Briten das Ermittlungsverfahren gegen Naumann und die sieben anderen Verhafteten. Die ursprüngliche Idee, es selbst zu führen, gaben sie bald auf und übergaben die beschlagnahmten Materialien – in Abstimmung mit Kanzler Adenauer – an die Bundesanwaltschaft in Karlsruhe. Hier begann eine Voruntersuchung, wie sie die Strafprozessordnung damals noch vorschrieb. Der Verdacht: Bildung einer »verfassungsfeindlichen Vereinigung« und »Geheimbündelei«. Von den acht Beschuldigten saßen noch zwei in Haft: Naumann und sein Archivar Bornemann.

Anfang Juni 1953 erhielt die Bundesregierung Signale aus Karlsruhe, dass das Beweismaterial »unzureichend« sein könnte. Adenauer und Justizminister Dehler versuchten, in Gesprächen und mit Briefen Druck auf die Bundesanwaltschaft auszuüben – ohne Erfolg. Vielmehr hätten sich die Juristen über »die versuchte Einflussnahme von Seiten der Regierung« beschwert, so der Journalist und Historiker Heiko Buschke. Auch protestierten sie energisch dagegen, dass immer wieder Schlüsseldokumente der Presse zugespielt wurden.

Im Juli 1953 beschloss ein Strafsenat des Bundesgerichtshofs, dass auch Naumann und sein Mitstreiter aus der Untersuchungshaft zu entlassen seien, da kein »dringender Tatverdacht« mehr bestehe. Der Plan Naumanns, der ja nie Mitglied der FDP war, bei den anstehenden Bundestagswahlen als niedersächsischer Spitzenkandidat für die rechtsextreme Deutsche Reichspartei (DRP) anzutreten, scheiterte, weil das nordrhein-westfälische Innenministerium die Wiederaufnahme seines Entnazifizierungsverfahrens anordnete. Weil er jetzt als »Belasteter« eingestuft wurde, verlor Naumann das aktive und passive Wahlrecht. Die DRP, die später in der NDP aufging, musste ihn von der Kandidatenliste streichen – Naumann verschwand in der Versenkung.

Anderthalb Jahre ließ sich der BGH Zeit. Dann, im Dezember 1954, die Einstellung der Verfahren. »Nirgends« sei »deutlich zum Ausdruck gekommen«, so die Richter, dass die Angeschuldigten die Wiedererrichtung eines nationalsozialistischen Führerstaates angestrebt« hätten. »Ansätze zur Bildung einer besonderen verfassungsfeindlich eingestellten Gruppe« seien »ebenfalls nicht erkennbar. Es fehlt auch an einer Organisation, die einem solchen Vorhaben hätte dienen können.«

***

Der FDP-Abgeordnete Ernst Achenbach am Rednerpult des Bundestags in Bonn, 1960

Es gehört zu den Merkwürdigkeiten des Politbetriebs, dass vieles schnell in Vergessenheit gerät. Achenbach blieb, trotz allem, ein recht bedeutender Akteur: Ab 1957 saß er im Deutschen Bundestag, später auch im Europaparlament, um ein Haar wäre er sogar Kommissar der Europäischen Gemeinschaft, der EU-Vorgängerin, in Brüssel geworden.

Als Außenpolitiker war der FDP-Politiker 1970 entscheidend daran beteiligt, die sogenannten Ostverträge auf den Weg zu bringen, die ein neues Kapitel bundesdeutscher Politik einleiteten. Als Lohn erhielt er das Große Bundesverdienstkreuz und ein Sonderlob von Bundeskanzler Willy Brandt, dem erklärten Antifaschisten. Und Achenbach dürfte wohl, spekuliert der Zeithistoriker Eckart Conze, mit seiner Ja-Stimme »Königsmacher beim Zustandekommen der sozialliberalen Koalition« im Jahre 1972 gewesen sein. Der Lohn hier: eine stets liebevolle Sonderbehandlung durch die Parteispitze der FDP.

Weil er sich offenbar unantastbar wähnte, blockierte er als zuständiger Berichterstatter im Auswärtigen Ausschuss lange Zeit eigenmächtig die Ratifizierung eines – 1971 unterzeichneten – deutsch-französischen Abkommens, das fünf Jahre zuvor von der Kölner Staatsanwaltschaft initiiert worden war. Diese Vereinbarung sollte es ermöglichen, NS-Tätern oder Kriegsverbrechern, die bereits in Frankreich »in Abwesenheit« verurteilt worden waren, auch in der Bundesrepublik den Prozess zu machen. Das von Achenbach verschleppte Abkommen passierte erst im Januar 1975, gegen die Stimmen der Unionsparteien, den Deutschen Bundestag.

Der Rechtsanwalt war ganz offensichtlich auch Jahrzehnte später noch bemüht, frühere Kollegen und Freunde vor strafrechtlicher Verfolgung zu schützen – vielleicht auch sich selbst. Denn 1943 hatte er, als enger Mitarbeiter des deutschen Botschafters in Paris, Otto Abetz, per Telegramm nach Berlin die Verhaftung und Deportation von 2.000 Juden als »Sühnemaßnahme«

Otto Abetz als deutscher Botschafter im besetzten Frankreich, 1940

angekündigt. Achenbach befürchtete möglicherweise, dass ein gestrenger Staatsanwalt ihm diese verharmlosende Umschreibung der Ermordung der Deportierten in den Konzentrationslagern als eine Art Beihilfe auslegen könnte.

Abetz war im Juli 1949 von einem Pariser Militärgericht zu 20 Jahren Zwangsarbeit verurteilt worden. 1954 wurde er begnadigt und in die Bundesrepublik abgeschoben. Vier Jahre später starb er – bei einem mysteriösen Unfall. Während seiner Inhaftierung hatte er seine Memoiren geschrieben, die 1951 unter dem Titel *Das offene Problem* im Kölner Greven Verlag erschienen. Seine Zeit als Pariser Botschafter nimmt darin breiten Raum ein. Abetz stellte zwar fest, dass die »nationalsozialistische Staatsführung« wegen der auch »aus Frankreich deportierten Juden« eine »einseitige, verbrecherische und unverzeihliche Blutschuld auf sich geladen« habe, erwähnte seine Mitschuld jedoch mit keinem Wort.

Ernst Achenbach steuerte zu diesem Buch ein Vorwort bei. Darin nennt er seinen früheren Chef einen »deutschen Patrioten« und bejubelt dessen »moralische Größe«. Abetz' Verurteilung werde als »einer der klassischen Justizirrtümer in die Geschichte eingehen«, so Achenbach. Das Pariser Gericht habe in »politischer Verblendung und Instinktlosigkeit« gehandelt. Sein Fazit: »Undank ist der Welten Lohn.«

Dies war Zeitgeist pur: Amnesie, glattes Leugnen, Beschweigen. Geschichtsklitterung.

»ERREGENDSTER PROZESS DER DEUTSCHEN KRIMINAL-GESCHICHTE«

DIE UNGEKLÄRTEN MORDE AN ZWEI LIEBESPAAREN

NOVEMBER 1955 / FEBRUAR 1956

Ein kleiner Baggersee im Ortsteil Kalkum. Er soll wieder verfüllt werden mit Schutt. 4.000 Kubikmeter wurden schon hineingeschüttet. Am Montag, dem 28. November 1955, kippt ein Lkw-Fahrer eine weitere Ladung in den See. Nach getaner Arbeit raucht der Mann oben an der Böschung eine Zigarette. Er schaut auf den Wasserspiegel knapp sechs Meter unter ihm und glaubt, dort die Silhouette eines Autos erkannt zu haben. Er wirft einen Stein ins Wasser, der kein Geräusch produziert. Als er einen zweiten wirft, klingt es plötzlich metallisch. Er wirft einen dritten und hört wieder das typische Klacken.

Ein Autowrack auszuschlachten, könnte Geld bringen, denn Metall jedweder Art ist dringend gesucht. Der Fahrer watet ins eiskalte Wasser, legt ein Schleppseil um die Stoßstange des abgesunkenen Fahrzeugs und um die vordere seines Lastwagens. Dann setzt er ganz langsam zurück und zieht das Auto an Land.

Es ist ein dunkelblauer Ford 15M. In dem Auto liegen zwei Tote: der 26-jährige Bäckermeister Friedhelm Behre und seine vier Jahre jüngere Verlobte Thea Kürmann, die seit Wochen als vermisst gelten. Ihre Schädel weisen schwere Verletzungen auf. Sie sind so schwer, dass beide bewusstlos gewesen sein müssen. Als der Wagen ins Wasser rollte, hatten Thea Kürmann und Friedhelm Behre wohl noch gelebt. Sie ertranken.

Die Kripo rekonstruierte die letzten Stunden des Paars. Behre hatte demnach am frühen Morgen des 1. November den Ford an abgeschiedener Stelle nahe dem Rheinstadion geparkt – wohl um auf der Rückbank seine Verlobte zu liebkosen. Dann muss jemand die Wagentür aufgerissen und sofort mit einer Art Werkzeug kräftig zugeschlagen haben. Der Täter hatte zweifelsohne eine gute Ortskenntnis. Um den Ford nach Kalkum zu fahren und dort im Baggersee zu versenken, gab es nur einen Weg: über eine Rollbahn des alten Militärflughafens Lohausen.

Behres Brieftasche, eigentlich immer gut gefüllt, war leer. In Kürmanns Portemonnaie steckten noch 33 Pfennige. Uhren und Schmuck waren weg.

MIT EINER HANFSCHNUR GEFESSELT

9. Februar 1956, ein niedergebrannter Strohhaufen am Rande des Dorfes Ilverich nahe Meerbusch. Dort werden die verkohlten Leichen zweier Menschen gefunden. Hildegard Wassing, eine Stenotypistin, war 23 Jahre alt, als sie sterben musste. Der Kraftfahrer Peter Falkenberg, ein Mitarbeiter der Jüdischen Gemeinde, war 26.

Wassing und Falkenberg hatten am Abend des 7. Februar in einer Oberkasseler Kneipe etwas getrunken, fuhren dann mit einem schwarzen Mercedes 170 S nach Büderich, parkten ihn an

Polizisten und Schaulustige am Baggersee, in dem das Autowrack gefunden wurde

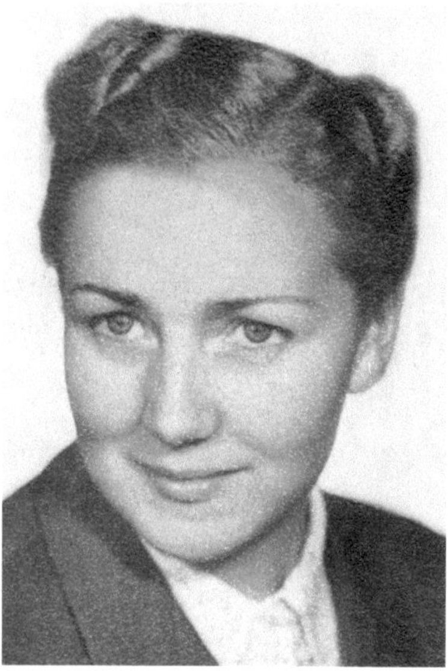

einsamer Stelle und liebten sich. Dann riss jemand offenbar die Wagentür auf, schoss Falkenberg mit einer kleinkalibrigen Waffe ins Gesicht und zertrümmerte ihm und Hildegard Wassing mit schwerem Gerät die Schädel. Die Hände der Frau waren mit einer Hanfschnur gefesselt, ihr Mund umwickelt mit dem eigenen Schal, fixiert durch die Gummidichtung eines Einweckglases.

Der Täter steuerte den Wagen Richtung Ilverich, schleifte die Toten zu einem Strohhaufen und zündete ihn an. Dann fuhr er in die Düsseldorfer City und stellte das Auto vor dem Haus Karl-Anton-Straße 27 ab. Gestohlen wurde nichts.

Vier junge Menschen, ermordet innerhalb von gut zehn Wochen. Zwei Paare, wohl beobachtet beim Liebesspiel. Ein Spanner, der zum Mörder wird. Es gab Gemeinsamkeiten zwischen beiden Verbrechen. Der Furor des Täters – als wäre es eine Art Racheakt. Die Brutalität. Die Kraftanstrengung, zwei Menschen binnen Minuten zu töten. Was ihm sogar einen Genuss besonderer Art bereitet haben könnte. Um dann wieder aufzutauchen aus einer solch apokalyptischen Szene. Um wenig später womöglich liebevoll seine Frau zu umsorgen, seine Kinder.

Zwar unterschieden sich beide Taten schon deshalb, weil die Opfer einmal bestohlen worden waren und einmal nicht. Natürlich behielten die ermittelnden Beamten diesen Aspekt auch immer im Auge. Doch das, was dann auf sie zurollte, verstellte ihnen möglicherweise den Blick und führte vielleicht zu »Irrungen und Wirrungen bei der Fahndung nach einem multiplen Mörder«, wie der Kriminologe und Buchautor Stephan Harbort feststellte.

VORBILD AUS LOS ANGELES?

Die Morde von Düsseldorf schockierten die ganze Nation, mehr noch: Weltweit wurde über ein »Untier«, einen »Unheimlichen«, den »modernen Peter Kürten« berichtet. Kürten hatte Frauen missbraucht und zwischen Februar 1929 und Mai 1930 in Düsseldorf neun Menschen getötet. Der »König der Sexualverbrecher« war am 2. Juli 1931 mit dem Fallbeil hingerichtet worden.

Obwohl dieser Fall, bei Licht betrachtet, kaum als Vergleich taugte, waren die Zeitungen doch voll davon. »Soll Düsseldorf zum zweiten Mal als Schauplatz einer grässlichen Verbrechensserie mehr berüchtigt als berühmt werden?«, fragte etwa die *Neue Ruhr Zeitung* und versicherte: »Die Polizei arbeitet auf Hochtouren.«

Und das tat sie. Eine Belohnung von 15.000 Mark wurde ausgelobt – das Fünfzehnfache dessen, was etwa ein Ingenieur im Monat verdiente. Überall hingen große Fahndungsplakate, Abertausende Handzettel wurden im gesamten Stadtgebiet verteilt. Bald arbeiteten in der Mordkommission fast 70 Beamte im Schichtdienst. Sie gingen 2263 Hinweisen nach, überprüften 602 Personen und nahmen 22 Verdächtige fest, die sie allerdings bald wieder freilassen mussten. Was den Fahndern fehlte, war ein Täterprofil. Eine solche Mordserie hatte es in der jungen Republik noch nicht gegeben: brutalste Attacken auf junge Menschen, die sich an einsamen Stellen im Auto lieben.

Also beschloss ein Beamter, die Details einer Kriminalgeschichte zu studieren, die im Frühjahr 1947 in der kalifornischen Metropole Los Angeles begonnen hatte. Der Delinquent, Caryl Whittier Chessman, hätte eigentlich im Juni des darauffolgenden Jahres hingerichtet werden sollen, doch gelang es ihm durch Petitionen, die Vollstreckung des Todesurteils mehrfach aufzuschieben.[4] Er hatte zwar keinen ordentlichen Beruf erlernt, sich in der Haft aber zu einem außergewöhnlich cleveren Rechtskundigen fortgebildet.

Chessman war Kopf der »Rotlicht-Banditen«, die bei Dunkelheit auf Ausfallstraßen nach Autos suchten, in denen sie Liebespärchen vermuteten. Hatten sie eines gefunden, schalteten sie ein auf dem Dach ihres Wagens fixiertes rotes Blinklicht ein und täuschten so eine Polizeikontrolle vor. Der Mann wurde niedergeschlagen, die Frau vergewaltigt.

Im Gefängnis hatte Chessman seine Memoiren geschrieben, die ein Bestseller wurden. *Todeszelle 2455* war kein Allerweltsbuch, sondern eine hochintelligente Mischung aus nüchterner Sachdarstellung und nahezu philosophischen Interpretationen. Chessman sprach oft über sich, den Täter, in dritter Person: »Auch wenn er

Mordopfer Lothar Servé in seinem PKW

Die Mordopfer Hildegard Wassing und Peter Falkenberg

geistig und physisch über dem Durchschnitt steht, hat er dennoch nie einen Sinn für soziale Verantwortung entwickelt. (...) Er ist bekannt dafür, sich alles zu schnappen, was er sich wünscht. (...) Feindschaft ist für ihn so unentbehrlich wie die Luft zum Atmen. Unkritisch und böse, in einer psychologischen Hölle wie in einen Dschungel verstrickt, sieht er in der Gesellschaft den unversöhnlichen Feind (...).«

Der Düsseldorfer Kripobeamte hatte die leise Ahnung, dass der gesuchte Liebespaar-Mörder ähnlich ticken könnte wie Chessman. Zumal die Verfilmung seines Buchs *Todeszelle* 2455 ab Herbst 1955 in fast allen deutschen Kinos gelaufen war. Vielleicht habe sich der unbekannte Täter von diesem Film inspirieren lassen, schreibt Harbort. Vielleicht »wollte er ein perfekter Verbrecher sein, über den jedermann sprach, vor dem sich alle fürchteten«.

Vielleicht. Vielleicht aber auch nicht.

BEGEGNUNG IM WALD

10. Juni 1956, ein Sonntag, kurz nach 19 Uhr. Der Meererbusch, ein 240 Hektar großes Waldgebiet bei Meerbusch. Das Areal gehört zum Revier von Förster Erich Spath. Auf dem Waldboden entdeckt er den Abdruck eines Reifens und folgt der Spur. Er sieht einen Mann in einem grünen Overall, der ein Motorrad schiebt, es dann auf den Boden legt und mit Gras und Farnkraut zu tarnen versucht.

Der Förster lädt sein Gewehr – Vorsicht ist geboten – und schaut dabei auf die Waffe. Als er wieder aufblickt, ist der Mann verschwunden. Spath geht weiter, die Drillingswaffe im Anschlag. Zwei Minuten später entdeckt er am Waldrand ein Auto. Im Fond: ein Liebespaar. Blitzartig kommt ihm die energische Bitte eines Beamten der Düsseldorfer Mordkommission in den Sinn: »Falls in Ihrem Revier mal ein Verdächtiger auftauchen sollte, der Liebespaare belauscht, dann halten Sie ihn um Gottes willen auf.«

Spath geht langsam auf den Wagen zu, tritt absichtlich so heftig auf einen Ast, dass es laut knackt, und räuspert sich hörbar. Dann erst klopft er an die Scheibe und fragt die beiden, ob sie gerade jemanden gesehen hätten, »schlank, etwa 1,75 Meter groß«. – »Nein. Ist das ein Wilderer?« – Spath sagt: »Fahren Sie bitte sofort los und melden Sie sich bei der nächsten Polizeiwache.« Er geht weiter, Schritt für Schritt. Hört ein Geräusch. Macht halt vorm dichten Unterholz. Ruft: »Rauskommen! Hände auf den Kopf!«

Aus dem Dickicht kriecht auf allen Vieren der Typ im Overall, richtet sich auf und antwortet auf die Frage, was er hier tue, allen Ernstes: »Ich gehe spazieren.« Spath weist in Richtung Bundesstraße 9: »Ich bringe Sie auf die Polizeiwache.« Und warnt: Bei einem Fluchtversuch werde er sofort schießen. Aus dem Augenwinkel sieht Spath, dass der Mann etwas wegwerfen will. Es ist das bis obenhin gefüllte Magazin einer Pistole.

An der B 9 hält er einen Motorradfahrer an: »Sagen Sie der Polizei in Osterath, Förster Spath hat einen Verdächtigen festgenommen.« Ein paar Minuten später ist ein Streifenwagen vor Ort. Auf der Wache werden die Personalien des Mannes aufgenommen: Werner Boost, geboren am 6. Mai 1928 in Düsseldorf. Verheiratet, Vater zweier Töchter. Vorbestraft wegen schweren Diebstahls und unbefugten Waffenbesitzes. Beruf: Maschinenarbeiter, wohnhaft im Stadtteil Heerdt.

MILCHKANNE MIT PATRONEN

Am Abend wird Boost zur Mordkommission gebracht. »Wenn das der Liebespaar-Mörder ist«, sagt ein Beamter im Kollegenkreis, »werden wir es ja bald wissen.« Jemand, der versucht, sich mit durchgeladener Waffe an ein Auto heranzumachen, in dem zwei Menschen Zärtlichkeiten austauschen, ist auf jeden Fall in hohem Maße verdächtig.

Die intensive Suche nach Beweisstücken im Wald und in Boosts Wohnung verstärken diesen Verdacht. Gefunden werden: eine Pistole, Marke P 38. Ein Kleinkalibergewehr, eine Luftpistole, Teile zweier Maschinenpistolen, massenweise hochgefährliche Chemikalien. Später eine vergrabene Milchkanne, in der weitere Waffen

Der zum Tode verurteilte US-Amerikaner Caryl Chessman, 1953

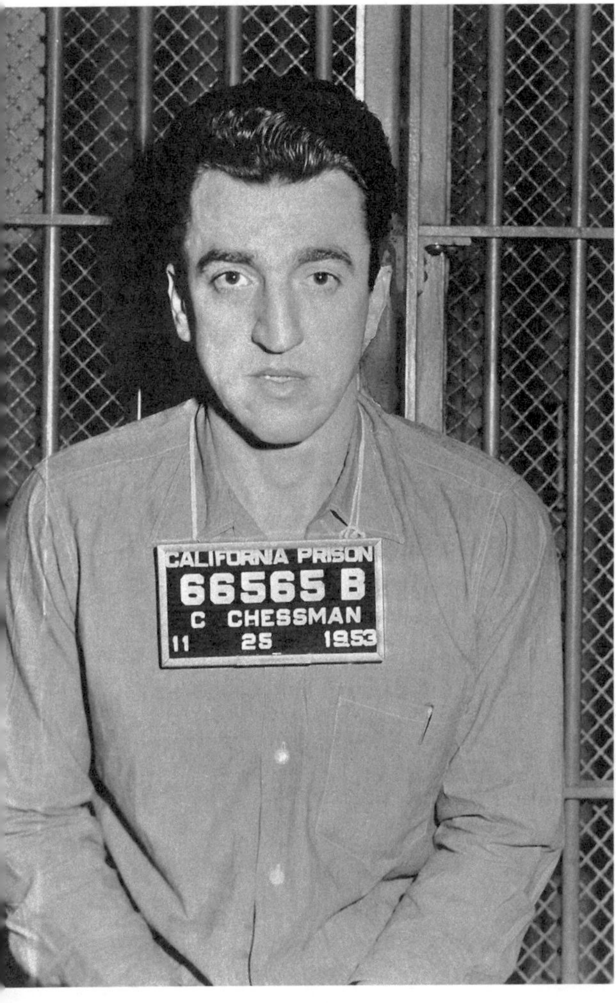

und Patronen stecken. Am 16. Juni titelt die *Bild*-Zeitung: »Liebespaar-Mörder gefasst.«

Die Vernehmungen sind für die Ermittler ein schweres Stück Arbeit – weil vor ihnen, so Harbort, ein »außergewöhnlicher Gegner sitzt: intelligent, wachsam, beharrlich, verschlagen, vorsichtig, angriffslustig«. Einer, der mit gewählten, fast geschwollenen Formulierungen und beachtlichem juristischen Wissen verblüfft. Einer wie Caryl Chessman.

Boost, ein passionierter Judoka, sagt einmal, breit grinsend: »Diese Frage möchte ich Ihnen lieber beantworten, wenn wir uns mal draußen begegnen.« Oder: »Ich protestiere gegen diese Art der Fragestellung. Das ist psychologische Beeinflussung. Sie wissen selbst, dass das unzulässig ist.« Oder: »Das geht doch wohl niemanden etwas an, das ist meine Privatsache.«

Bis dahin hatte keiner der Beamten gegenüber Boost den Verdacht geäußert, er sei im Fall der beiden Doppelmorde tatverdächtig. Dabei blieb es auch, vorerst. Zu dünn war die Beweislage. Deshalb erhob die Staatsanwaltschaft lediglich Anklage wegen Diebstahls – Boost hatte ein Motorrad geklaut – und unerlaubten Waffenbesitzes. Im November 1956 fiel das Urteil: sechs Monate Gefängnis. Über den Delinquenten sagte der Richter: »eine undurchsichtige Persönlichkeit, die ohne Gefühlsregung zu allem fähig ist«.

Aus der Zelle schrieb Boost an seine Frau und seine beiden Töchter: »Um mich braucht Ihr Lieben Euch nicht zu sorgen. Es wird sich alles zum Guten aufklären und dann ist Euer Pappi bald wieder bei Euch ...«

BEWEISMITTEL IN EINWECKGLÄSERN

Klar, dass die Düsseldorfer Kripo dranblieb. Immer wieder spornte deren Chef seine Leute an. Weil die ungeklärten Morde in der Landeshauptstadt längst ein Politikum waren, griff Innenminister Franz Meyers ein – und ordnete an, die Leitung der Mordkommission neu zu besetzen. Der Nachfolger kam aus Dortmund, galt unter Kollegen als »harter Hund« und echte Spürnase. Er hielt es für unwahrscheinlich, ja »unmöglich«, dass ein Mann allein die Verbrechen verübt habe. Es müsse ein zweiter dabei gewesen sein, jemand, auf den Verlass sei. Ein Kumpel, ein Freund, ein Bekannter. Boosts Frau sagte aus, dass ihr Mann sich häufiger mit jemand getroffen habe, der als Schlosser und nebenher als Jagdhüter arbeitete. Und hatte auch den Namen parat: Franz Lorbach.

Lorbach, Jahrgang 1931, geboren in Büderich, wurde tagelang überwacht. Er war zwar aufgefallen wegen Wilderei, aber ansonsten offenbar ein ganz guter Kerl, verheiratet, aus solider, tief religiöser Familie stammend. Bei einer Befragung sagte er: »Ich kenne den Boost zwar, aber von seinem Lebenswandel habe ich nicht viel mitbekommen.«

Das war gelogen, und wenn nicht ein Beamter die Idee gehabt hätte, einmal Boosts finanzielle Verhältnisse zu überprüfen, dann wäre hier vermutlich Schluss gewesen. Dabei kam heraus, dass während Boost im Gefängnis gesessen hatte, jeden Monat Geld auf dem Bankkonto seiner Frau Klara gelandet war. Der Einzahler: Lorbach.

Bei einer Durchsuchung von Lorbachs Wohnung wurden Schmuck und ein Opernglas gefunden – gestohlen Anfang Januar 1956 bei einem Uhrmacher. Und mittlerweile stand fest, dass die im Meererbusch entdeckten Waffen ebenfalls dem Uhrmacher gehört hatten. Mitte Dezember stießen Arbeiter auf dem Büdericher Friedhof beim Umgraben zufällig auf eine Kiste mit Waffen, Gold und Schmuck: alles eingewickelt in Gummischläuche und luftdicht verpackt in Einweckgläsern. Lorbach, mittlerweile festgenommen, gab zu, dass Boost dieses Versteck angelegt habe.

Die Gläser waren verschlossen mit vier Gummiringen. Und ein Glas enthielt eine knapp zwei Meter lange Schnur aus Sisalhanf – wie sie im Fall von Hildegard Wassing benutzt worden war. Spezialisten des Wiesbadener Bundeskriminalamts (BKA) konnten nach akribischer, monatelanger Arbeit verbindlich erklären, dass sowohl einer der Gummiringe als auch die Schnur identisch seien mit den am Tatort sichergestellten Beweisstücken.

Jetzt gab es eine Spur. Eine ganz heiße Spur. Endlich.

Zu Weihnachten hätte Boost eigentlich entlassen werden sollen. Jetzt lag ein neuer Haftbefehl vor wegen des »dringenden Tatverdachts, Hildegard Wassing und Peter Falkenberg (…) aus Habgier getötet zu haben«. Und Lorbach begann angesichts erdrückender Ermittlungsergebnisse zu »singen«, wie die Polizei es nannte. Er gestand, bei Viehdiebstählen dabei gewesen zu sein und bei Raubversuchen. Außerdem offenbarte er, quasi als Kronzeuge, dass Boost im Januar 1953 den Juristen Lothar Servé getötet hatte – während dieser mit einem jugendlichen Liebhaber im Auto schmuste. Ein nicht geklärter Fall. Ungeklärt wie die Morde an den beiden Liebespaaren.

Die Staatsanwaltschaft erhob Anklage gegen Boost wegen Mordes in fünf Fällen. Er sei ein »gefährlicher Gewohnheitsverbrecher«, sein Motiv: »Schrecken zu erregen, Menschenleben zu vernichten«. Lorbach wurde vorgeworfen, an der Ermordung Servés beteiligt gewesen zu sein. Am 3. November 1959 begann die Hauptverhandlung, die in der Presse als »erregendster Prozess der deutschen Kriminalgeschichte« angekündigt wurde. Die *Rheinische Post* schrieb über Boost, er habe bei Verhören immer eine »undurchdringliche Maske« getragen. Und wisse »genau, dass man es schwer haben wird, ihm die Liebespaarmorde nachzuweisen«. Er werde versuchen, »den »Ring der Indizien zu sprengen, auf dem sich die fünffache Mordanklage aufbaut«.

Boost spielte im Prozess beständig den Überlegenen, lächelte oft selbstbewusst und schien ein offener, freundlicher Mann zu sein. Lorbach hingegen, der in der Untersuchungshaft versucht hatte, sich das Leben zu nehmen, wirkte fahrig, verloren, unsicher, unbeholfen. Und doch schaffte er es, die Ermordung des Juristen Servé einigermaßen ruhig zu schildern. Er sagte auch, warum: »Ich habe lange genug die Last mit mir herumgeschleppt, ich hoffe nun, vor Gericht Ruhe zu finden.« Später schilderte er auch, was er über die beiden anderen Liebespaarmorde zu wissen glaubte – es war nicht viel.

Werner Boost nach der Urteilsverkündung am 14. Dezember 1959

DAS URTEIL

Am 14. Dezember 1959, nach 17 Verhandlungstagen, wurde Lorbach zu fünf Jahren Zuchthaus verurteilt. Boost bekam lebenslänglich – wegen der Ermordung Servés. Im Fall der vier anderen Morde wurde er freigesprochen – aus Mangel an Beweisen. Zwar bestehe »nach wie vor der erhebliche Verdacht«, dass er der Täter sei, stellte der Vorsitzende des Schwurgerichts fest. Doch gebe es keine Tatzeugen und weder der »jeweilige Tatort« noch die »genaue Ausführung« der Verbrechen habe »näher ermittelt« werden können. Den BKA-Gutachten über die Gummiringe und die Sisalschnur im Fall Wassing maß das Gericht wenig Bedeutung zu.

Vier Morde – ungesühnt. Mit heute üblichen Techniken, wie etwa DNA-Untersuchungen, hätte Boost vielleicht überführt werden können. Aber die gab es damals noch nicht.

Werner Boost saß mehr als 33 Jahre im Gefängnis. Im Sommer 1990 wurde er aus der Haft entlassen. Zu seiner Familie hatte er längst keinen Kontakt mehr. Er zog ins Sauerland. Als ihn Stephan Harbort im Oktober 2003 für die Recherchen zu seinem Buch *Der Liebespaar-Mörder* besuchte, sagte Boost: »Ich weiß, was Sie glauben. Aber ich war es nicht.«

GROSSMARKT
TEXACO
Einfahrt

METRO
sb

MILLIONEN-COUP LEICHT GEMACHT

ZWEI ALTSTADT-JUNGS ZOCKTEN DEN METRO-KONZERN AB

8. SEPTEMBER 1980

Ein Finanzdisponent, der von einem großen Auftritt träumt: »göttlich anzusehender weißer Abendanzug, Modell: Christian Dior, Handarbeit, Einzelstück«. In der Düsseldorfer Schwulenszene heißt er nur »Hasi«.

Ein Kellner, der in der Altstadt-Kneipe »Roter Hahn« jobbt und gerne mit »Hasi« einige Tage und Nächte im legendären Pariser Nobelhotel »Ritz« verbringen würde, reichlich Schampus inklusive. Im »Roten Hahn« wird er »Fred« genannt. Oder »Frieda«.

Ein Handelshaus von Weltrang, abgezockt mit Leichtigkeit. Die Summe: 36,25 Millionen Mark, in Worten: sechsunddreißigkommazwofünf.

Kein brutales Gangsterstück. Kein genial durchdachter Wirtschaftskrimi. Eher eine Klamotte. Schon deshalb hollywoodreif, weil die Millionen in insgesamt 16 Koffern außer Landes geschafft wurden, versteckt zwischen Hemden und Hosen. Zielort: Rio de Janeiro, die brasilianische Metropole mit ihren Traumstränden. Copacabana, Ipanema.

Der Finanzdisponent und der Kellner führten am Zuckerhut ein traumhaftes Leben. Wohnten in einem Penthouse mit sechs Bädern und Swimmingpool, Sonne pur. Es war nur ein ganz kurzer Traum.

DIOR-FAN »HASI«

»Hasi« war Günter Maximilian Schotte-Natscheff. Schlanker Typ, markantes Gesicht, kurze Haare. 1962 hatte er bei der Kreissparkasse Köln seine Lehre als Bankkaufmann abgeschlossen. Er blieb dort bis 1967, wechselte dann zur Fuji-Bank nach Düsseldorf und bald schon zur Deutschen Verkehrs-Kredit-Bank, Abteilung Devisenhandel. Schotte-Natscheff sprach sehr gut Englisch und hervorragend Französisch.

Am 1. Januar 1979 trat er einen neuen Job an – als Finanzdisponent bei der Metro in Düsseldorf. Mit acht Milliarden Mark Jahresumsatz war der Handelskonzern ein Branchenriese, gesteuert von einer Holding im schweizerischen Städtchen Zug. Deren Manager gaben sich gern ausgebufft, verschleierten Konzerndaten, wann und wo immer es ging, und waren überall als Pfennigfuchser bekannt und gefürchtet.

Kurz nachdem Schotte-Natscheff bei der Metro angefangen hatte, lagerte der Konzern alles, was mit Geld zu tun hat, an ein externes Dienstleistungsunternehmen in Düsseldorf aus. Die SV-Service-Verwaltungsgesellschaft an der Schlüterstraße im Stadtteil Grafenberg war zwar formalrechtlich unabhängig, de facto aber ausschließlich für die Metro tätig. Die Idee dahinter war vermutlich, Steuern zu sparen.

Sämtliche Einnahmen aller Metro-Filialen wurden über die Servicegesellschaft verbucht, sie wickelte auch die Bezahlung der

Lieferanten ab. Das zentrale Konto wurde bei der Westdeutschen Landesbank (WestLB) geführt. Zudem gab es noch vier Hausbanken.

Schotte-Natscheff gehörte zum SV-Führungspersonal, war zuständig für Wertpapiergeschäfte, Devisenhandel, Festgeldanlagen und Geldtransfers aller Art. Täglich bewegte er mehr als 70 Millionen Mark – im Schnitt. Das entsprach dem Jahresumsatz eines größeren mittelständischen Unternehmens.

Überweisungen waren nur möglich, wenn der WestLB bestimmte Codezahlen präsentiert wurden, die sich Tag für Tag änderten. Zweimal drei Ziffern, aus denen dann eine Stichzahl errechnet wurde. Das hieß, jedenfalls in der Theorie: Zwei SV-Angestellte kannten jeweils nur drei Zahlen. Ein dritter baute sie dann zusammen.

Über diesen Code verfügten auch zwei WestLB-Mitarbeiter. Sie entschlüsselten die Stichzahl, bevor eine Überweisung genehmigt wurde. Schotte-Natscheffs Chef schien diese Regelung zu kompliziert, offenbar hielt er sie auch für überflüssig. »Hasi«, der Finanzdisponent und Herrscher über Millionen, kannte immer den ganzen Code.

Von diesem Vorgesetzten hielt Schotte-Natscheff nichts. Er sei »unfähig« und »begriffsstutzig«, sagte er später. Außerdem störte den Dior-Fan, dass sein Chef stets einen »aus teuerstem Stoff verschnittenen Anzug« trug: »ein Bild des Jammers«.

Aus »Hasis« Sicht war der Chef intrigant, hinterhältig. Im Sommer 1980 hatte er angeblich dafür gesorgt, dass Schotte-Natscheff eine offenbar vereinbarte Gehaltserhöhung verweigert wurde. Statt mehr Geld gab es plötzlich mehr Arbeit. »Hasi« sann auf Rache. Er wollte die Metro-Spitze vorführen und beweisen, wie lückenhaft ihr Sicherungssystem war und wie leicht man es umgehen konnte. An eine »persönliche Bereicherung« habe er anfangs »gar nicht gedacht«. Sagte er jedenfalls. Ob dies die Wahrheit war, konnte nie wirklich geklärt werden.

Sein Plan war, einfach Geld abzuzweigen, viel Geld. Das war der Plan A.

»Frieda« (links) und »Hasi« 1987 am Düsseldorfer Flughafen. Für einen WDR-Film spielten sie ihren Fall nach

»FRIEDAS« SCHWÄCHE FÜR CHAMPAGNER

Am 3. September 1980 eröffnete »Hasis« Lebensgefährte Manfred Vowinkel alias »Frieda« bei der Stadtsparkasse Düsseldorf ein Konto. Er gab sich als Kaufmann aus und erklärte, er erwarte in den nächsten Tagen »größere Beträge«. Fünf Tage später landete auf diesem Konto die erste Überweisung – eine Million Mark. Am 11. September folgte die zweite: 900.000 Mark.

An jenem Tag erlag Vowinkel dem Reiz des Geldes. Entgegen der Vereinbarung mit Schotte-Natscheff und ohne ihm etwas davon zu sagen, hob er 100.000 Mark ab, in Tausenderscheinen. Weil er mal »das Gefühl haben wollte, ein reicher Mann zu sein«. Nicht abhängig vom Lohn und von den Trinkgeldern im »Roten Hahn«. Das Geld bunkerte er in seiner Wohnung und ging dann einkaufen: Schmuck, teure Lederklamotten, Champagner – für summa summarum 40.000 Mark.

Da Schotte-Natscheff die Lücke auf dem Konto der Metro auf die Schnelle nicht ausgleichen konnte, beschlossen beide, Plan B in Kraft zu setzen und weiterzumachen mit der Abzockerei. Die Schwachstelle auszunutzen, anstatt sie der Führungsetage zu melden. Und irgendwann mit der Knete abzuhauen.

Ab dem 16. September wurden so weitere 29 Überweisungen auf das Konto von Vowinkel veranlasst – Beträge zwischen 700.000 und 2,4 Millionen Mark. Eigentlich waren für die Transaktionen jeweils zwei Unterschriften als Bestätigung erforderlich: die von Schotte-Natscheff und die seines Vorgesetzten. Dass »Hasi« die Unterschrift seines Chefs fälschte, fiel niemand auf. Nur einmal fragte ein WestLB-Mitarbeiter bei Schotte-Natscheff an, wer denn eigentlich dieser Vowinkel sei. Die knappe Antwort lautete: ein Antiquitätenhändler, »mit dem noch abgerechnet werden muss«, »vertrag-nr.: 76534/80«. Gut, danke, erledigt.

Auch bei der Stadtsparkasse Düsseldorf kam nie Argwohn auf, obwohl Vowinkel manchmal auf einen Schlag riesige Summen abhob. »Wir hatten das Gefühl«, gab später der Vorstandsvorsitzende zu Protokoll, das sei »ein sesshafter Kunde«. Und dieser

Kunde wurde, nach telefonischer Anmeldung, immer gleich in den Keller geleitet, in dem es Kabinen für die VIPs gab, die *very important persons*. Der Vorstandsvorsitzende sagte auch, es sei »völlig ungewöhnlich« gewesen, dass jemand so viel Bargeld auf einmal hole: »Aber unser Kontoführer hatte großes Vertrauen, weil immer wieder neue Millionen aufs Konto kamen.« Insgesamt eben 36,25 Millionen.

KOFFERPACKEN

Peu à peu packten Schotte-Natscheff und Vowinkel die Geldpakete in mehrere Koffer und flogen nach Paris, um sie dort zwischenzulagern. Sie nächtigten im »Ritz«, ließen im legendären »Lido« die Puppen tanzen oder jetteten mit der Concorde mal eben in die venezolanische Hauptstadt Caracas. Der größte Batzen des Geldes blieb aber in Düsseldorf, erst einmal.

Schotte-Natscheff hatte mittlerweile zum 31. Dezember 1980 gekündigt, weil er angeblich »ins Bankfach« wechseln wolle. Und bat, ganz schön keck, um ein wohlwollendes Zeugnis.

Noch wichtiger war freilich: Plan C. Die Frage nämlich, wie man sich mit diesem Riesenhaufen Geld aus Deutschland absetzen könnte. Und wohin.

»Hasi« und »Frieda« holten sich Rat im halbseidenen Milieu. Brasilien sei »gut«, Paraguay aber noch besser. Das Land sei nicht Interpol angeschlossen, der internationalen Polizeiorganisation. Auch frage dort niemand nach, wenn bei einer Bank große Summen eingezahlt würden. Überdies könne eine offizielle Aufenthaltsgenehmigung leicht erkauft werden – so soll zum Beispiel der Ende August 1979 aus seiner Heimat geflüchtete nicaraguanische Ex-Diktator Anastasio Somoza für sein Exil in Paraguay eine Million US-Dollar auf den Tisch gelegt haben.

Ein Kumpel besorgte den beiden falsche Pässe, was nicht sonderlich schwer war, und bereitete die Flucht vor. Am 4. Januar 1981 flog Schotte-Natscheff – Aliasname: Wolfgang Hansen – nach Rio de Janeiro. Mit zwei Koffern, die etliche Millionen Mark enthielten – als

Erwin Conradi, Aufsichtsratsvorsitzender der Metro AG, 1997

Metro-Manager Hannjörg Hereth im Düsseldorfer Landgericht, 1981

Startkapital für das neue Leben. Gleichzeitig wollte er offenbar nachschauen, wie weit die Vorbereitungen für das Dolce Vita gediehen waren. Er schien damit zufrieden zu sein, denn wenige Tage später kehrte er nach Düsseldorf zurück, um bald darauf zusammen mit Vowinkel den stattlichen Rest des Beutezugs, 26 Millionen Mark, nach Rio auszufliegen. Versteckt in Koffern, wie gehabt. Eine Hälfte bunkerten sie in den Schließfächern diverser Banken. Die andere Hälfte ließ Schotte-Natscheff an ein Geldinstitut in New York transferieren. Von dort wurde der Gegenwert in US-Dollar auf ein Konto in Asunción überwiesen. Die Hauptstadt Paraguays schien ihm ein noch sichererer Hafen zu sein.

Am 20. Januar reiste Vowinkel (Aliasname: Sprienel) noch einmal zurück in die Heimat – angeblich, um ein paar hübsche Anzüge zu holen, wahrscheinlich aber aus Heimweh. Ein großer Fehler. Am Tag zuvor hatte ein hochrangiger Metro-Manager den Riesenverlust bei der Düsseldorfer Kripo angezeigt. Deren erste Überlegung war, sofort Schotte-Natscheffs Wohnung zu observieren. Sie griffen sich den völlig überraschten Vowinkel, als der gerade die Tür aufgeschlossen hatte.

KRIMIS VON AGATHA CHRISTIE

Für die Metro und ihren Deutschland-Statthalter Erwin Conradi war der Coup von »Hasi« und »Frieda« ein Desaster. Conradi setzte deshalb Himmel und Hölle in Bewegung, um diesen Schotte-Natscheff samt der Millionen im Alleingang zurück nach Deutschland zu holen. Ohne Polizei, ohne jegliche Absprache. Den Job übernahm Conradis jüngerer Kollege Hannjörg Hereth, der bei der Metro wegen seiner ständigen dienstlichen Reisen nach Übersee als eine Art Außenminister galt. Und weil er auf den langen Flügen immer Krimis von Agatha Christie im Original las, um sein Schulenglisch zu verbessern, hatte er einen Spitznamen weg: Inspektor Hereth.

Hereth machte sich mit zwei Helfern auf die Suche nach Schotte-Natscheff – vielleicht schon informiert durch einen gut bezahlten

Tippgeber, der offenbar auch wusste, dass der Gesuchte mit Papieren auf den Falschnamen Wolfgang Hansen ausgestattet war. Ein erster Hinweis, der einstige Finanzdisponent halte sich in Paris oder Umgebung auf, erwies sich schnell als falsch. Doch konnten sie hier die Spur aufnehmen. Ein Mitarbeiter der Air France half gerne, als Hereth nach einem Passagier namens Wolfgang Hansen fragte. Der Buchungscomputer lieferte das Flugziel: Rio de Janeiro.

Wie genau dieser Krimi im Krimi ablief, konnte nie wirklich geklärt werden. Hereth und Co. klapperten in Rio etliche Adressen ab, bis ihnen ein Makler verriet, dass der Gesuchte die Stadt inzwischen in Richtung Paraguay verlassen habe. Sie spürten Schotte-Natscheff in einem Luxushotel in Asunción auf – und überzeugten ihn, gemeinsam mit ihnen in die Heimat zurückzukehren.

Schotte-Natscheff erklärte später, er sei mit dem Tode bedroht und unter Drogen gesetzt worden – nur deshalb sei er bereit gewesen, mit den Privatfahndern ins Flugzeug zu steigen. Vielleicht klopften sie ihn auch mit dem Hinweis weich, er müsse sein Dasein sonst in einer düsteren Gefängniszelle fristen. Oder mit der (erfundenen) Behauptung, skrupellose Gangster seien scharf auf das Geld und »seinen Hals«.

Am 4. Februar 1981, einem Mittwoch, landete ein Lear-Jet mit Schweizer Zulassungsnummer auf dem Flughafen Köln/Bonn. Als Schotte-Natscheff in Begleitung zweier Metro-Helfer von Bord ging und mitbekam, dass er fotografiert wurde, zog er schnell sein Jackett über den Kopf. Doch der Fotograf war nicht von der Presse, sondern ein Mitarbeiter von Metro-Chef Conradi. Es sollte ein Bild werden für das Geschichtsbuch der Metro.

»EINER DOOFER ALS DER ANDERE«

Der Prozess gegen Schotte-Natscheff und Vowinkel vor der 5. Großen Strafkammer des Landgerichts begann am 16. November 1981. Nach zwei Monaten fielen die Urteile: vier Jahre Haft für den Kellner vom »Roten Hahn« und fünf für den Ex-Finanzdisponenten mit dem Dior-Faible, wegen »fortgesetzter Untreue in einem

Vor Gericht: Günter Maximilian Schotte-Natscheff zwischen seinen Verteidigern, 1981

besonders schweren Fall«. Die Metro hatte sich das Geld längst zurückgeholt, der Schwund war ziemlich gering: 1,4 Millionen Mark. Die Kosten für Flugtickets, falsche Pässe, das kurzzeitige Leben in Rio und Asunción.

Im Gefängnis schrieb Schotte-Natscheff ein Buch über den Coup. Auf der Frankfurter Buchmesse im Herbst 1983 sollte *Das Metro-Millionending* vorgestellt werden, Auflage: stolze 150.000 Exemplare. Schon während des Prozesses hatte er gesagt, was er von den Strategen der Metro hielt: »Da ist doch einer doofer als der andere.«

Kein Wunder also, dass die Metro die Auslieferung des Werks per einstweiliger Verfügung erst einmal blockierte. Doch dann erschien es doch: mit geschwärzten und gekürzten Passagen. Schotte-Natscheff tingelte nach seiner Freilassung durch die Fernseh-Talkshows. Als die Moderatorin Elke Heidenreich in einer WDR-Sendung zu ihm sagte, es müsse doch ein »irres Gefühl« gewesen sein, mit den ganzen Millionen im Koffer durch die Weltgeschichte zu reisen, konterte er ganz cool: »War nur schwer zu schleppen.«

Schotte-Natscheff starb im Herbst 1989 an einem Gehirntumor. Vowinkel betrieb jahrelang an der Oststraße ein Lokal, dessen Name, was wunder, irgendwie mit Geld zu tun hatte – »Finanzämtche«.

»ICH GENIESSE DIPLOMATISCHEN STATUS«

DER POLIT-KRIMI UM DEN AJATOLLAH-VERTRAUTEN SADEGH TABATABAI

8. JANUAR 1983

Der Flughafen in Lohausen, Gate 72. Am 8. Januar 1983 landet hier kurz vor 19 Uhr eine Lufthansa-Maschine aus Zürich. An Bord sind auch einige Passagiere, die mit dem Flug SR 365 aus Teheran gekommen und dann umgestiegen waren. Die Wartezeit in Zürich: gut drei Stunden.

Unter den ersten Passagieren, die den »Grünen Ausgang« nehmen, ist ein Mann namens Sadegh Tabatabai, geboren im iranischen Ghom, der heiligen Stadt. Der Biochemiker lebt mit seiner Familie am Rolander Weg in Grafenberg. »Grüner Ausgang« heißt: nichts zu verzollen. Tabatabai hat einen braunen Aktenkoffer unter den Arm geklemmt.

Ein Beamter, Dienstgrad Zollhauptsekretär, hält ihn auf: »Bitte, öffnen Sie den Aktenkoffer.« Tabatabai zeigt ihm einen grünen Diplomatenpass: »Ich habe nichts. Und wie Sie sehen, genieße ich diplomatischen Status.« Der Zöllner, ganz cool, aber sehr amtlich: »Das reicht nicht aus, um eine Befreiung von der Zollkontrolle zu haben.«

Im Aktenkoffer entdeckt der Beamte »mehrere Stangen einer braunen Substanz«, so heißt es in seinem kurz danach angefertigten Aktenvermerk. Tabatabai erklärt, dies seien Medikamente für seine kranken Kinder. Um deren Harmlosigkeit zu demonstrieren, bietet er an, davon zu essen – was ihm untersagt wird. Eine der kleinen Stangen hat er dabei zerkrümelt.

Weil es noch dauert, bis sein Gepäck aus dem Flugzeug auf dem Laufband ankommt, telefoniert er. Diesen Augenblick nutzt der Zöllner: Während er Tabatabai im Auge behält, macht er an den Krümeln kurzerhand einen Drogentest. Ergebnis: Opium, »eindeutig positiv«.

Kurz darauf kommen auf Band 16 seine beiden Koffer an. Darin 86 weitere Stangen, die wie Zigarillos aussehen, »sehr sorgfältig in Plastikbeuteln verpackt«, so der Vermerk. Auch hier schlägt ein Schnelltest an. Tabatabai sagt, das sei »niemals Opium«, sondern eine Mixtur aus Granatapfelkonzentrat und einer anderen, harmlosen Substanz. Medizin eben.

Mehrfach erklärt er, als Sonderbotschafter des Iran unterwegs zu sein – im Auftrag des Ajatollahs, dem Stellvertreter des Propheten auf Erden. Ein Diplomat, dessen Immunität ihn vor Strafverfolgung schütze. Besser gesagt: schützen sollte.

Gegen 21 Uhr erscheint im Flughafen Staatsanwalt Hans Hallmann. Mittlerweile steht fest, um wie viel Rauschgift es sich handelt: genau 1,717 Kilo Rauchopium. Von nun an beginnt ein rechtlich-politisches Schauspiel, das die Bundesrepublik so noch nicht erlebt hat. Die Akteure: Richter des Düsseldorfer Landgerichts und des Oberlandesgerichts, der Landesjustizminister, der Bundesjustizminister, der Außenminister, der Bundeskanzler. Ein Schauspiel in etlichen Akten, das irgendwann zur Farce gerät.

DER »SCHÖNE SADEGH«

Seit 1961 lebte Sadegh Tabatabai in Deutschland. Erst studierte er in Aachen Biochemie, dann an der Ruhr-Universität in Bochum, wo er seinen Doktor machte. Ein lockerer, sympathischer Typ,

Sadegh Tabatabai, 1979

der fließend Deutsch sprach und gut aussah, manche nannten ihn den »schönen Sadegh«.

Damals herrschte im Iran der Schah – Mohammad Reza Pahlavi. Ein reaktionärer Regent, verheiratet mit Farah Diba, genannt Schahbanu (Kaiserin). Der Schah war für viele im Ausland lebende Perser schon allein wegen seines prunkvollen Gehabes die Reizfigur schlechthin, auch für Tabatabai. Lange schon hatte er eine Studentengruppe angeführt, die immer wieder gegen den Schah agitierte und dabei Ulrike Meinhof kennengelernt, damals Chefredakteurin und Starkolumnistin der linken Zeitschrift *Konkret*.

Im Frühjahr 1967 wurde bekannt, dass das persische Herrscherpaar Deutschland besuchen würde. Meinhof, die später die linksterroristische Rote Armee Fraktion (RAF) mitgründen sollte, schrieb in *Konkret* einen »Offenen Brief an Farah Diba«, der sich mit Armut und Unterdrückung, Folter auf Polizeistationen und der hohen Kindersterblichkeit im Iran beschäftigte. Er beruhte auf Informationen, die Tabatabai beschafft haben will, Informationen, die auf Zehntausenden Flugblättern verbreitet wurden – und wohl auch dafür sorgten, dass dieser Staatsbesuch anders ablaufen sollte als geplant.

Am 2. Juni 1967 weilte das Kaiserpaar in Berlin und genoss abends Mozarts *Zauberflöte*. Vor der Deutschen Oper hatten sich unzählige Demonstranten versammelt, Sprechchöre skandierten: »Schah-Schah-Scharlatan« oder »SA-SS-Schah«. Aus Bussen sprangen Getreue des Monarchen, »Jubelperser« genannt, die mit Holzknüppeln und Stahlruten auf die Menschen in der vordersten Linie einschlugen – unter den Augen etlicher Polizisten, die nicht eingriffen. Für sie waren die Protestler kommunistische Unruhestifter, gegen die man hart vorzugehen hatte.

In dieser aufgeheizten Situation schoss gegen 20.30 Uhr ein Kripobeamter auf den Romanistikstudenten Benno Ohnesorg, der zum ersten Mal auf einer Demo war. Der Schuss in den Hinterkopf aus anderthalb Metern Entfernung war tödlich. Wenige Tage später stand Tabatabai an Ohnesorgs Grab und sprach ein paar Sätze. So jedenfalls hat er es immer erzählt.

IM FLUGZEUG MIT KHOMEINI

Bald schon gehörte Tabatabai zu den Jüngern des Schiitenführers Ajatollah Ruhollah Musawi Khomeini, den die Pahlavi-Administration 1964 des Landes verwiesen hatte, nachdem er als Wortführer bei regierungsfeindlichen Kundgebungen aufgetreten war. Khomeini lebte erst in der Türkei, dann im Irak und ab 1978 in Neauphle-le-Château westlich von Paris. Von hier aus bereitete er den Sturz des Schahs vor – und die islamische Revolution. Sadegh Tabatabai zählte sich zu Khomeinis engsten Beratern und behauptete später, er sei eine von »acht Personen in Europa und Amerika gewesen, die die Revolution im Ausland vorbereitet« hätten. Gemeinsam mit seinem Onkel Musa as-Sadr, dem damaligen Führer der libanesischen Schiiten, soll er die Basare von Teheran mit Waffen versorgt haben – Waffen für die Revolutionäre.

Am 16. Januar 1979 verließ Pahlavi, der »König der Könige«, mit seiner Familie fluchtartig den Iran. Als die neuen Herren am 1. Februar mit einer Sondermaschine der Air France in Teheran einschwebten, war nicht nur Tabatabai mit an Bord, sondern auch – als einziger deutscher Journalist – der ZDF-Mann und Frankreich-Korrespondent Peter Scholl-Latour. Kurz vor der Landung drückte Tabatabai ihm eine kleine braune Mappe in die Hand und sagte: »Nehmen Sie das bitte an sich. Wenn wir bei der Ankunft verhaftet oder getötet werden, verstecken Sie es gut.«

Die Rückkehr des Ajatollah geriet, wider Erwarten, zu einem Triumphzug. Offiziere standen stramm, im Flughafen riefen Tausende: »Gott ist groß, Khomeini ist unser Führer.« An den Straßen Teherans standen Millionen Menschen. Scholl-Latour gab Tabatabai schnell die Mappe zurück, ungeöffnet. Erst Monate später erfuhr er, was sie enthalten hatte: die Verfassung der Islamischen Republik Iran. »Ich war also zwei Stunden lang der Wächter der iranischen Verfassung«, erzählte der Journalist später.

Ajatollah Khomeini landet am 1. Februar 1979 in Teheran, ganz oben rechts auf der Treppe Sadegh Tabatabai

AUFSTIEG NACH DER REVOLUTION

Tabatabai wurde nach dem Sieg der islamischen Revolution Regierungssprecher und stellvertretender Innenminister, von November 1979 bis September 1980 amtierte er als kommissarischer Regierungschef. Hilfreich war stets, dass er zum Familienclan des Ajatollah gehörte. Seine Schwester hatte einen Sohn Khomeinis geheiratet, sein Bruder dessen Enkeltochter.

Und Tabatabai war der wichtigste Ansprechpartner des deutschen Botschafters Gerhard Ritzel, der im Diplomatenkorps als mutiges Schlitzohr galt. Als er 1977 seinen Posten in Teheran angetreten hatte, regierte noch der Schah. Doch Ritzel suchte schon früh den Kontakt zur fundamentalistischen Opposition – und war deshalb einer der ganz wenigen westlichen Akteure, die im Iran nach der Revolution noch Gehör fanden.

Immer wieder kehrte Tabatabai zu seiner Familie zurück, die weiterhin in Düsseldorf lebte. Und hier bahnte er 1981 über einen Schweizer Kaufmann und einen früheren Oberstleutnant der Bundeswehr ein ziemlich heikles Geschäft an: die Beschaffung von 50 US-amerikanischen Kampfpanzern des Typs M 48, uralte Waffen, aber richtig teuer. Kostenpunkt insgesamt: rund 140 Millionen Mark. Zwischen dem Iran und dem Irak herrschte seit September 1980 Krieg. Weil es an Gerät mangelte, wurde »jedem hergelaufenen Mittelsmann zu übertriebenen Preisen auch noch die letzte Waffe abgekauft«, wie die Schweizer *Weltwoche* süffisant anmerkte.

Ein Großteil der Kaufsumme wurde bezahlt. Doch die Panzer kamen nie im Iran an. Sie existierten nur auf dem Papier, Tabatabai und die Geldgeber waren aufs Kreuz gelegt worden. Trotz des Betrugs musste das Bundeskriminalamt ein Verfahren wegen Verstoßes gegen das Kriegswaffenkontrollgesetz einleiten, denn die für ein solches Geschäft notwendige Genehmigung der Bundesregierung fehlte. Als BKA-Beamte Tabatabai festnehmen wollten, stellte sich Außenminister Hans-Dietrich Genscher quer. Eine Inhaftierung des prominenten Iraners könnte »die komplizierten Beziehungen zwischen Bonn und Teheran belasten« und die »Gefahr eines schweren Nachteils für die Bundesrepublik Deutschland« heraufbeschwören, so der FDP-Politiker. Immunität für Tabatabai also, eine Entscheidung, die selbst bei Vertrauten Genschers sehr umstritten war.

HAUSMITTEL GRANATAPFEL

Doch zurück zum Flughafen, zum Zwischenfall an Gate 72. Noch am späten Abend des 8. Januar 1983 werden zwei hochrangige Mitarbeiter des Auswärtigen Amts aus den Betten geklingelt. Einer ist Ministerialdirektor Walter Gorenflos, Leiter der politischen Abteilung, die für die Dritte Welt zuständig ist, und einer der wichtigsten Männer Genschers. Die schlichte Frage der Ermittler lautet, ob im Auswärtigen Amt eine diplomatische Sondermission Tabatabais bekannt sei. Ein Sonderbotschafter ist zwar ein völkerrechtliches Subjekt - aber nicht wirklich definiert und kodifiziert.

Die Antwort: »Nichts bekannt. Die Justiz möge ihren Lauf nehmen.« Und die nimmt ihren Lauf - zunächst einmal. Am Morgen des 9. Januar wird Tabatabai einer Haftrichterin vorgeführt. Er berichtet, am Abend vor seiner Abreise aus Teheran ein Paket mit Arzneimitteln bekommen zu haben, die er »bei einem mir bekannten Arzt« bestellt habe. Seine Tante sei an Krebs erkrankt, in Honigtee aufgelöstes Granatapfelextrakt lindere Schmerzen. Zudem litten seine Kinder an Entzündungen im »Hals-, Nasen-, Ohrenbereich«, hier helfe das Mittel auch gut, wenn es »hinter den Ohren eingerieben« werde.

Dass es Opium enthalte, davon habe er keine Ahnung gehabt. Er wisse doch, dass der Umgang damit »strafbar« sei - und hätte leicht »andere Mittel und Wege finden können«. Das Rauschgift sei ihm »untergeschoben« worden, »wahrscheinlich« beim mehrstündigen Zwischenstopp in Zürich. »Eine Falle schließe ich nicht aus.« Später wird er sagen, »neun Gruppen und neun verschiedene Möglichkeiten« kämen dafür infrage, darunter irakische

Objekt der Begierde: US-Kampfpanzer M 48, hier bei einer Parade 1969 auf dem Nürburgring

Um gute Beziehungen bemüht: Außenminister Hans-Dietrich Genscher 1991 in Teheran

Geheimdienstler oder europäische, »die mich sehr gerne aus politischen und ideologischen Gründen aus dem Verkehr ziehen wollten«. Doch es hilft alles nichts – die Richterin erlässt Haftbefehl. Dieser wird aber tags drauf gegen die Zahlung von 200.000 Mark Kaution außer Vollzug gesetzt. Tabatabai stellt einen Scheck über diese Summe aus. Und kommt frei. Für acht Tage.

»TABATA-REIN, TABATA-RAUS«

Am 17. Januar wird der Haftbefehl »wieder in Vollzug gesetzt«, wie es im trockenen Juristendeutsch heißt. Tabatabais Anwalt Heinrich Kroppen legt dagegen Beschwerde ein. Von nun an geht es Schlag auf Schlag.

18. Januar: Die für Rauschgiftdelikte zuständige 12. Große Strafkammer des Düsseldorfer Landgerichts lässt die blitzartig erhobene Anklage der Staatsanwaltschaft zu. Der Kammervorsitzende Otto Strauß ist ein erfahrener Richter, der betont: »Wir sind nicht obrigkeitshörig.«

Ende Januar: Zwischen dem iranischen Außenministerium und Genschers Ministerium in Bonn laufen informelle Gespräche. Zunächst hatte die Botschaft des Iran erklärt, Tabatabai sei lediglich als »privater Geschäftsmann« unterwegs. Bald schon korrigieren sich die Diplomaten, denn es ging darum, eine für die Justiz akzeptable Formulierung zu finden. Sie lautet, Tabatabai sei »Sonderbotschafter« und genieße deswegen Immunität – wie damals beim fehlgeschlagenen Panzerdeal. Experten des Auswärtigen Amts entwerfen für die Kollegen in Teheran ein Argumentationspapier, natürlich unter der Hand.

3. Februar: Der Text geht als offizielle Demarche der Iraner bei Genscher ein. In bestem Amtsdeutsch bitten sie, ihrem Landsmann »alle Vorrechte und Befreiungen zu gewähren, die einem Botschafter in besonderer Mission zustehen«.

9. Februar: Das Landgericht lehnt die Beschwerde gegen den Haftbefehl ab. Tabatabais Anwalt Kroppen ruft in dieser Sache das Oberlandesgericht (OLG) an.

18. Februar: Der Prozess wegen Verstoßes gegen das Betäubungsmittelgesetz beginnt. Doch zunächst geht es nur um die Frage der Immunität. Einer der ersten Zeugen ist Ministerialdirektor Gorenflos vom Auswärtigen Amt. Vier Stunden dauert seine Vernehmung. Das Fazit seiner Aussage: Bei der Intervention der Genscher-Administration habe »eine besondere Rolle des Angeklagten keine Rolle gespielt«. Es sei vielmehr allgemein darum gegangen, die »außenpolitischen Beziehungen zum Iran nicht zu verschlechtern«. Der vom Gericht als Sachverständiger geladene Heidelberger Völkerrechtler Karl Doering erklärt, Tabatabai sei nicht als Sonderbotschafter einzuschätzen. Dessen Verteidiger behauptet hingegen, der deutsche Botschafter in Teheran habe schon im Dezember des vergangenen Jahres Tabatabais »Status als Sonderdiplomat angezeigt«.

22. Februar: Das OLG hebt den Haftbefehl auf. Begründung: Das Auswärtige Amt habe Tabatabais Diplomatenstatus »stillschweigend akzeptiert«. Das Gericht beruft sich dabei auf den Brief des iranischen Außenministers an Genscher vom 3. Februar – also jenes Papier, das Spezialisten des Auswärtigen Amts formuliert hatten. Das ungeschickte Spiel der Bonner Diplomaten war wenig durchdacht. So stellte die *Süddeutsche Zeitung* fest, eine Strafkammer »mit so unschlüssigen, widersprüchlichen und rechtlich substanzarmen Winkelzügen zu bedrängen«, fordere doch nachgerade »das Selbstbewusstsein der Richter« heraus.

24. Februar: Richter Strauß und seine Kollegen erlassen einen neuen Haftbefehl. Die Demarche des iranischen Außenministeriums habe nur dazu gedient, den Angeklagten »aus der U-Haft zu befreien«. Es liege auf der Hand, dass sie »in Abstimmung« mit dem Bonner Auswärtigen Amt formuliert worden sei. Die *Stuttgarter Zeitung* schreibt, der Richter sei einem »Jungsiegfried gleich unerschrocken« ausgezogen, »um einen Drachen namens Rauschgiftschmuggel zu töten«. Tabatabai wird – nach zwei Tagen auf freiem Fuß – vor der Kanzlei seines Anwalts festgenommen.

25. Februar: Aus Teheran kommt die Warnung, eine Verurteilung des Khomeini-Verwandten könne »Unheil bringen«. In der *Frankfurter Allgemeinen Zeitung* heißt es dazu: »Wenn in der

Nicht obrigkeitshörig: Richter Otto Strauß, hier bei einer Feier in der JVA Düsseldorf 2016

Bundesrepublik Deutschland Nacht für Nacht die Rauschgift-Toten aus den öffentlichen Bedürfnisanstalten geholt werden, ist es unerträglich, wenn einem gefassten großen Dealer mit höflicher Verbeugung der Status eines ›Sonderbotschafters‹ zuerkannt (…) wird.«

Genschers Kabinettskollege Bundesinnenminister Friedrich Zimmermann (CSU) spricht von »Schmierentheater« und kritisiert, die »Bekämpfung der Rauschgiftkriminalität« werde auf diese Weise »ins Zwielicht« gezogen. Selbst Genschers Staatssekretär Alois Mertes spricht von einem »falschen Kurs«. Ein Sprecher des Auswärtigen Amts teilt überraschend mit, Tabatabai sei als Sonderbotschafter der Bundesregierung gegenüber »diskreditiert«.

7. März: Das OLG hebt den Haftbefehl erneut auf. Nach seiner Freilassung sagt Tabatabai zu einem Journalisten, es sei ein neues Spiel erfunden worden, »Tabata-rein, Tabata-raus« und grinst dabei. Der Bund Deutscher Kriminalbeamter nennt die Freilassung »skandalös und für einen Rechtsstaat unerträglich«. Rauschgifthandel und -schmuggel seien »Weltverbrechen«. Richter Strauß sagt, er habe es »satt, durch diesen Sumpf von Immunität zu stiefeln«.

8. März: Das Auswärtige Amt erklärt Tabatabai zur Persona non grata, zur »unerwünschten Person«. Es sei am besten, ihn unbestraft ziehen zu lassen, heißt es in Bonn. Schon Tage zuvor hatte ihm Ex-Botschafter Ritzel, nunmehr Geheimdienstkoordinator in Helmut Kohls Bundeskanzleramt, den Tipp gegeben, sich schnellstens abzusetzen. Bevor Ritzel offiziell ein Sprechverbot auferlegt wurde, sagte er, Tabatabai habe ihn »rein privat« besucht.

9. März: Tabatabai verschwindet aus der Bundesrepublik. Er fliegt mit einer Lufthansa-Maschine in der Ersten Klasse von Frankfurt nach Teheran.

10. März: Die Strafkammer verkündet ihr Urteil – drei Jahre Haft wegen Rauschgiftschmuggels. Tabatabais Behauptung, die Drogen seien ihm untergeschoben worden, ließ Richter Strauß nicht gelten. Er sagt auch, das Teheraner Außenministerium habe allenfalls eine »Immunität ad personam« erbeten, nicht für eine »bestimmte Mission«. Doch nur eine solche habe »Relevanz«. In Bonn habe niemand jemals »daran gedacht«, den Angeklagten

»zu empfangen«. Die Tat nannte er ein »Verbrechen«, es sei erwiesen, dass Tabatabai Rauschmittel »in nicht unerheblicher Menge eingeführt« habe. Punkt.

»WELTWEITE VERSCHWÖRUNG«

Während der Hauptverhandlung hatte Tabatabai, wenn er denn überhaupt auf dem Stuhl des Angeklagten saß, geschwiegen – nur den Namen und das Geburtsdatum hatte er genannt. Vier Sachverständige, allesamt ausgewiesene Völkerrechtsexperten, hatten sich geäußert. Drei im Sinne des Auswärtigen Amts, nur einer erkannte keine Immunität. Und auf den setzte Richter Strauß, weil er den plötzlichen Sinneswandel Genschers, Tabatabai zur unerwünschten Person zu erklären, wohl richtig interpretiert hatte – als eine Art Eingeständnis.

Zurück in Teheran, in seiner abgeschirmten Villa, geschützt von Bodyguards, redete Tabatabai dann. Er sprach davon, schnellstens »auf höchsten Befehl« zurückgeflogen zu sein, um Bericht zu erstatten über seine »geheime und durch die Vorfälle in der Bundesrepublik gefährdete Mission«. Dabei habe es sich um »politische Gespräche auf hochrangiger Ebene« gehandelt, nicht um »Waffen- oder Geldgeschäfte«. An Genschers Diktum, er sei nun als Gesprächspartner verzichtbar, glaube er nicht: »Solche Verlautbarungen sind wertlos.«

Das Urteil nannte er »absurd, total unbedeutend«, der Vorsitzende Richter sei »ruhmsüchtig und machtbesessen, ein Amokläufer«, der die »internationalen völkerrechtlichen Gepflogenheiten« nicht kenne. Staatsanwalt Hallmann, der vier Jahre Haft beantragt hatte, qualifizierte er als »Prominentenjäger« ab. Seinen Landsleuten in Persien offerierte er die Geschichte von einer weltweiten Verschwörung gegen die islamische Revolution. Er sei »sogar stolz darauf, dass die Feinde der Islamischen Republik mich so außergewöhnlich einschätzen, dass sie meinetwegen eine neue Dimension des internationalen Terrorismus geschaffen haben – den Versuch einer Persönlichkeitszerstörung«.

NACHSPIEL

Im März 1984 hob der Bundesgerichtshof den Düsseldorfer Schuldspruch auf. Begründung: Zwischen Bonn und Teheran habe es damals eine »ernst gemeinte Abrede« gegeben über eine »konkrete politische Aufgabe«, die Tabatabai hierzulande habe erfüllen müssen. Deshalb sei ihm dafür zu Recht »der Status eines Ad-hoc-Diplomaten verliehen« worden, wie es das Völkerrecht ganz allgemein vorsehe. Worin die Aufgabe bestand, die Tabatabai im Auftrag des Obersten Verteidigungsrats des Iran erfüllen sollte, blieb diffus im Nebel der Außenpolitik. Die einzige Erklärung: ein Waffengeschäft.

Am 1. April 1985 erließ das Amtsgericht Düsseldorf einen neuerlichen Haftbefehl. Die von Tabatabais Anwälten daraufhin eingelegte Beschwerde lehnten das Landgericht und kurz danach auch das Oberlandesgericht ab. Nach seiner Abreise im März 1983 (besser: seiner Flucht) müsse der Status als Sonderbotschafter als »erloschen betrachtet« werden.

Zu diesem Zeitpunkt hatte sich Tabatabai schon aus der Politik zurückgezogen. Er hielt Vorlesungen an der Universität in Teheran, war als Übersetzer tätig und schrieb seine Memoiren, die auf fünf Bände angelegt waren. Auf dem Titel ein Foto des »schönen Sadegh« direkt neben Ajatollah Khomeini.

Im Januar 2009 besuchte die Journalistin Charlotte Wiedemann Tabatabai und fragte ihn: »War es richtig, die Revolution zu machen?« – Er antwortete, ohne zu zögern: »Ja. Wir hatten zwanzig Jahre gegen den Schah gekämpft. Man muss diese Despotie gekannt haben, um das beurteilen zu können.« Er schaue mit »Wehmut« zurück. Was derzeit in seinem Land geschehe, sei nicht das, »was sich Herr Khomeini vorgestellt hat«.

Wenige Monate später ging er zurück nach Düsseldorf. Die alte Rauschgiftgeschichte war längst verjährt. Dort starb er am 21. Februar 2015.

MORDWAFFE ARMBRUST

DIE VERHÄNGNISVOLLE AFFÄRE DES »EIS-KÖNIGS«

20. OKTOBER 1985

Die Szene ist fast surreal. Eine junge Frau, gerade 21 geworden, schaut sich in einem Waffengeschäft um, das vor allem Armbrüste verkauft. Archaisch anmutende Schießgeräte, die seit Menschengedenken in Krieg und Kampf eingesetzt wurden. Sie sind jedem Pennäler bekannt, der sich einmal mit Friedrich Schillers letztem Drama *Wilhelm Tell* beschäftigen musste.

Pfeil und Bogen sind auf einem Schaft angebracht. Den Bogen zu spannen, erfordert ziemlich viel Kraft - damals wie heute. Wichtig auch: eine ruhige Hand beim Abzug. Tell, der legendäre Schweizer Freiheitskämpfer wurde bekanntlich gezwungen, seinem kleinen Sohn auf gehörige Distanz einen Apfel vom Kopf zu schießen. Mit einer Armbrust. Ein lebensgefährliches Unterfangen, aber Tell schaffte es. So jedenfalls geht Schillers Erzählung.

Die junge Frau heißt Petra Hermann (*Name geändert*). Sie inspiziert Armbrust für Armbrust, dann kauft sie eine für knapp 1100 Mark. Vielleicht hat ihr der Verkäufer erklärt, dass selbst Ziele in 80 Metern Entfernung punktgenau getroffen werden können. Und dass die Durchschlagskraft selbst in geringer Distanz gewaltig ist.

Auf der Quittung notiert sie: »für P.« In einem anderen Laden ersteht sie drei Pfeile aus Glasfiber mit dreikantigen Spitzen, an deren Enden drei Federn stecken – als Stabilisatoren beim blitzschnellen Flug. Auch auf diese Quittung schreibt Hermann: »für P.«

»P.« – das steht für Palatini. Guiseppe Palatini, in den Boulevardmedien »Eis-König« genannt. Ihm gehören in Düsseldorf drei florierende Eissalons. 1955 hatte er mit seinem Bruder Serafino an der Graf-Adolf-Straße das erste Geschäft eröffnet.

Palatini ist Petra Hermanns Geliebter – und 37 Jahre älter als sie. Ein Mann, der ihr, wird sie später erklären, weh tue beim Beischlaf und von dem sie sich gedemütigt fühle. An dem sie hängt und den sie dennoch verabscheut. Der sie offenbar als seine Mätresse betrachtet und Befehle erteilt. Etwa wenn er ihr, der gläubigen Katholikin, verbietet, zur Beichte zu gehen.

Am Samstag, dem 19. Oktober 1985, kündigt Palatini telefonisch seinen Besuch an, kurz vor 23 Uhr erscheint er. Er will sofort Sex, Petra Hermann sträubt sich vergebens. Dann schaut er kurz Fernsehen und schläft neben ihr ein.

Am nächsten Morgen steht sie gegen 6.30 Uhr auf. Sie ahnt, dass dieser Sonntag »ein schöner, sonnenreicher Tag sein würde«. Sie sagt auch: »Dabei kam mir mein Elend wieder zum Bewusstsein.« Das Elend dieser katastrophalen Beziehung.

Minutenlang läuft sie hin und her, unschlüssig. Dann geht sie zum Schrank, in dem die Armbrust versteckt ist. Nimmt die Waffe. Zieht ab. Der Pfeil, mehr als 40 Zentimeter lang, bohrt sich tief in Palatinis Lunge. Er wird abrupt wach, ruft noch: »Was ist?«, steht auf, versucht, sie zu packen. Und bricht röchelnd zusammen.

Hermann klingelt bei einer Nachbarin. Stammelt angeblich: »Ich habe ihn umgebracht, den Palatini. Geschafft ... Ich bin so froh, dass alles vorbei ist.«

Ein Justizbeamter präsentiert die Tatwaffe im Düsseldorfer Landgericht

Petra Hermann ist die Tochter einer Ärztin und eines Arztes, beide Spezialisten für innere Medizin. Beide sind tief religiös, in der Wohnung stehen Heiligenbilder und kleine Marienstatuen. Das Mädchen hat ältere Geschwister, fühlt sich aber offenbar als Lieblingskind. Sie rebelliert tränenreich dagegen, in den Kindergarten zu gehen. Nach der Einschulung muss ihre Mutter, ihr Ein und Alles, tagelang hinten im Klassenzimmer sitzen. Bis Petra entscheidet, dass sie jetzt auch alleine zurechtkommt. Sie ist eine gute Schülerin, sehr fleißig, sehr ehrgeizig. Manchmal kann ihr Arbeitseifer kaum gebremst werden.

Als sie gerade 13 Jahre alt ist, beschließt Petra plötzlich, nicht mehr zur Schule zu gehen. Nie mehr. Sie will nicht erwachsen werden und schon gar nicht eine Frau. Sie hungert, wird magersüchtig und wiegt, bei einer Größe von über 1,70 Meter, nur noch 30 Kilo.

Magersucht ist keine Marotte eines überspannten, ungezogenen jungen Mädchens, sondern eine schwere seelische Erkrankung, die an Selbstzerstörung grenzt. Und auch dazu führen kann, Sexualität abzulehnen. Petra wird mehrfach in Kliniken eingewiesen, dort ans Bett gefesselt und zwangsernährt. Fällt irgendwo das Wort »Schule«, bekommt sie Fieber: bis zu 40 Grad. Dreimal versucht sie, sich das Leben zu nehmen. Gerhard Mauz, der legendäre Gerichtsreporter des *Spiegel*, schreibt später: »Sie steigt nicht aus der Welt aus – sie weigert sich, sie zu betreten.«

Die Mutter geht mit ihr auf Reisen, um sie abzulenken. Wochenlang, manchmal monatelang. Es sind eine Art Wanderjahre. Petra Hermann wird sagen: »Ich fühlte mich wohl, weil ich ein Kind bleiben konnte.« Irgendwann besteht sie darauf, nicht mehr im Elternhaus zu leben – sondern allein mit ihrer Mutter. Der Vater mietet eine Wohnung für die beiden und richtet sie her. »Er machte alles so liebevoll, wir waren ganz gerührt«, so die Tochter später.

Dann regt sich wieder ihr Lebenswille. An der Volkshochschule schafft sie, aus eigenem Antrieb, ihren Hauptschulabschluss. Als sie 18 ist, will sie den Führerschein machen, um Motorrad fahren zu können – für die Eltern eine Art »Lebenszeichen«, vielleicht der Versuch, doch ein Stück Selbstständigkeit zu erringen. Die junge Frau besteht, wider Erwarten, die Prüfung. Vater und Mutter sind begeistert. Sie schenken ihr ein Motorrad, kurz darauf auch einen VW Golf. Die Tochter blüht auf, so jedenfalls scheint es ihnen. Sie wolle nun »etwas Ordentliches machen«, sagt sie.

»BIST DU EIN JUNGE ODER EIN MÄDCHEN?«

Anfang 1982 hatte »Eis-König« Palatini eine Stellenanzeige schalten lassen, weil er eine Verkäuferin suchte. Petra Hermann stellt sich vor, ohne ihrer Mutter etwas davon zu sagen. Palatini spürt, dass ihm da ein Mensch begegnet, mit dem etwas nicht in Ordnung zu sein scheint. Er reicht ihr die Hand, fragt lachend: »Bist du eigentlich ein Junge oder ein Mädchen?« Und gibt ihr einen Arbeitsvertrag.

Der Job macht Petra Hermann großen Spaß, auch wenn sie an manchen Tagen 16 Stunden im Einsatz ist. Geschirr abräumen, Tische wischen, Eis verkaufen. Sie wirkt wie befreit, löst sich gänzlich aus der Erstarrung, gehört bald schon zur Palatini-Familie, erhält Anerkennung, übernimmt Verantwortung. Erst erscheint ihr der Chef »wie ein Vater«, der sie umsorgt. Irgendwann beginnt sie, für ihn zu schwärmen. Und ihm schmeichelt die Art, wie sie ihn anhimmelt.

Guiseppe Palatini ist ein ziemlich reicher Mann, bullig, graue Haare. Einer, der Witze reißt und seinen Verkäuferinnen gerne auf den Po klatscht. Einer, der auf seine Weise lebenslustig erscheint. Der auch in einer Depression steckt, die ihn lähmt. Seine Frau, die in Italien lebt, will sich von ihm scheiden lassen.

Im April 1983 bittet er Petra, ihn zur Messe nach Hannover zu chauffieren. Sie tut ihm den Gefallen, gegen den Willen der Mutter. Auf der Fahrt sagt er zu ihr: »Es ist wichtig für mich, dass du bei mir bist.« Am Abend küsst er sie zum ersten Mal, Petra fühlt sich »wie betäubt vor Glück«.

Eine Eisdiele in der Düsseldorfer Altstadt, 1987

Eine mörderische Liebe beginnt. Und doch ist Petra beseelt von dem Wunsch, ihn, den Geliebten, wieder in die väterliche, nichts fordernde Gestalt zurückverwandeln zu können. In einen Mann, der nett zu ihr ist, sie aber nicht nötigt. Der sie gewähren lässt – anstatt ihr zu verbieten, zur Beichte zu gehen und zur Kommunion.

»EIN IDOL, WIE EIN GOTT«

Palatini besorgt ein Liebesnest, draußen in Ratingen. Ein Apartment, nur ein Raum, mittendrin: ein riesiges Bett, daneben ein Schrank. Er trägt ihr auf, mit niemandem darüber zu reden. Aber sie erzählt es irgendwann doch ihren Eltern.

Mehrmals versucht Petra Hermann, sich von ihrem Chef zu lösen. Sie kündigt und beginnt eine Lehre bei der Sparkasse. Fährt mit der Mutter nach Belgien, Monaco, Italien. Jedes Mal schmückt Palatini die kleine Wohnung mit Blumen, kniet nach ihrer Rückkehr vor ihr nieder, legt seinen Kopf in ihren Schoß und sagt, wie sehr er sie liebt und braucht.

Palatini sei für sie »unantastbar« gewesen, sagte Petra später, »ein Idol, wie ein Gott«. Und doch spürt sie einen Widerwillen, fühlt sich ausgenutzt, beschmutzt, ist hin- und hergerissen.

Schon im Mai 1984, lange bevor Palatini das Ratinger Apartment anmietete, hatte sich Petra Hermann bei der Polizei erkundigt, wie sie an eine Waffe kommen könnte. Sie sei »viel unterwegs, ängstlich« und brauche eine Gaspistole. Ein Beamter hatte ihr erklärt, dass dafür ein Waffenschein nötig sei. Bald erfuhr sie, dass es ein Schießgerät gab, das man ohne Genehmigung kaufen konnte – die Armbrust. Und sie kaufte eine.

Anfangs bewahrte sie die Waffe in der Garage der Eltern auf. Eine Armbrust zu spannen und damit zum Einsatz fertig zu machen, ist nicht ganz einfach. Angeblich übte sie es zusammen mit Palatinis Sohn in einem Waldstück. Angeblich gestand sie ihm auch, die Waffe aus Angst vor dessen Vater gekauft zu haben. Angeblich wusste auch Palatini senior von der Armbrust im Schrank.

Freitag, der 18. Oktober 1985. Als die Sparkasse schließt, soll Petra Hermann ihren Kolleginnen und Kollegen zum Abschied in den Feierabend gesagt haben: »Wenn ich am Montag in der Zeitung stehe, so dürft ihr mich nicht verachten.« Abends taucht Palatini bei ihr auf. Nimmt sie sich.

Am Samstag versucht sie, die Personalchefin der Sparkasse telefonisch zu erreichen. Sie will reden, sie muss mit einer Person sprechen, der sie vertraut. Aber die Managerin ist in Urlaub. Am Nachmittag ruft Palatini an: Er komme gegen 23 Uhr. Hermann sagt: Sie müsse für eine Prüfung arbeiten, sei total müde. Er sagt: Ich komme.

Acht Stunden später ist P. tot.

Die Nachbarin, bei der sie Zuflucht sucht, ruft sofort die Polizei an. Und den Notarzt. Dienst an diesem Sonntag hat der Mediziner Elmar Michels. Um 8.28 Uhr stellt er Palatinis Tod fest. Dann kümmert er sich um Petra Hermann. Sie sei völlig aufgelöst gewesen, sagte er später aus, habe sich in einem »hochgradigen Erregungszustand« befunden und sich auf ihn geworfen, »als sei ich der letzte Fels in der Brandung«.

Michels spritzt ihr intravenös zehn Milligramm Valium. Dieses Medikament beruhigt nicht nur. Es schränkt auch die Aufmerksamkeit ein und beeinträchtigt die Willensfreiheit. Der Mediziner sagt den Kripobeamten, mit der Vernehmung müssten sie warten: mindestens zwölf Stunden. Und mahnt, sie sollten Petra Hermann »rücksichtsvoll« behandeln. Dann geht er.

Die Bitte des Arztes ist den Ermittlern egal. Ruhig gestellt redet sie ohne Punkt und Komma. Spricht davon, »wie schön es sein könnte, ohne ihn leben zu müssen«. Gegen elf Uhr führen die Beamten eine Art Vorgespräch mit der jungen Frau, die nach Ansicht der Polizisten bei »klarem Verstand« ist. Ab 13 Uhr wird sie förmlich vernommen.

Im Protokoll, wesentlich für die Anklageerhebung bald darauf, stehen Sätze wie diese: »In der Wohnung meiner Nachbarin habe ich in den heutigen Vormittagsstunden eine Beruhigungsspritze erhalten. Mir wurde erklärt, dass es sich um eine Valium-10-Spritze gehandelt hat. Diese Spritze behindert mich jedoch nicht in meiner Aussagefähigkeit.« Sie sei »ausgeruht« und bereit, auch »zu intimsten Problemen Stellung zu nehmen«. Dann gesteht sie. Schon am Freitag habe »eigentlich« festgestanden, dass es »zur Tatausführung an diesem Wochenende kommen würde«, sie sei »schon lange geplant« gewesen. Damit liefert sich Petra Hermann endgültig einer Mordanklage aus – ohne, dass an ihrer Seite ein Anwalt sitzt, der sie schützen könnte.

Im nicht protokollierten »Vorgespräch« soll sie gesagt haben: »Ich bin mir im Klaren, dass ich etwas Schreckliches gemacht habe, aber auf der anderen Seite wird mich niemand verstehen, wenn ich sage, dass ich froh bin, dass der Mann nicht mehr lebt.«

Gegen 16 Uhr erscheinen Petra Hermanns Eltern bei der Kripo. Als sie fragen, ob sie sich nicht um einen Verteidiger bemühen müssten, sagt ein Beamter: »Ach, damit lassen Sie sich ruhig Zeit.« Ein Richter ordnet Untersuchungshaft an. Im Gefängnis darf sie zum ersten Mal seit Langem wieder beichten. Dem Geistlichen kam es vor, als sei dies für sie eine Erlösung. Mithäftlinge sagten, Hermann habe eine »himmlische Heiterkeit« verbreitet.

NACKENSCHLAG FÜR DIE POLIZEI

Der Prozess gegen Petra Hermann begann am 3. August 1987. 18 Tage lang verhandelte die 15. Große Strafkammer im Saal L 117 des Düsseldorfer Landgerichts. Die Kammer hatte die Mordanklage der Staatsanwaltschaft in Gänze akzeptiert – und damit den Versuch der Verteidiger, eine Einschränkung der Zulassung zu erreichen, scheitern lassen. Sie hatten vor allem moniert, dass Petras Geständnis unmittelbar nach der Tat nicht hätte verwertet werden dürfen. Dieses Geständnis war jedoch das Fundament der Anklageschrift. Während der Hauptverhandlung kamen die Verteidiger, der erfahrene Hermann Rosenkranz und der Newcomer Jürgen Wessing, immer wieder auf dieses Monitum zurück.

Abgesehen davon, dass Petra stundenlang ohne rechtlichen Beistand vernommen wurde, war es ein gravierender Fehler der Kripobeamten, dass sie an jenem Sonntag die Mahnung des Notarztes Elmar Michels in den Wind schlugen, die junge Frau nach der Valium-Spritze erst einmal für lange Stunden in Ruhe zu lassen. Vielleicht auch deshalb führte die Staatsanwaltschaft Michels nicht in ihrer Zeugenliste auf.

Das Gericht musste ihn dann doch laden – auf Antrag der Verteidigung. Er habe sich schon die ganze Zeit gewundert, warum man ihn nicht habe anhören wollen, gab Michels zu Protokoll. Und berichtete dann über die Wirkung von Valium-10 auf Menschen in seelischen Ausnahmezuständen.

Petra Hermanns Geständnis war auch Thema unter den Sachverständigen. Der Hamburger Psychiater und Sexualforscher Eberhard Schorsch sagte, es gebe in dem Protokoll Passagen, »die brauchbar sind, wenn sie in die Theorie des Beamten passen. Es gibt Verzerrungen, wenn die Aussage der Angeklagten und die Theorie des Beamten nicht mehr zusammenpassen.« Das war, bei Licht betrachtet, ein Nackenschlag für die Polizisten. Weil Schorsch damit klar zum Ausdruck brachte, hier sei versucht worden, die Beschuldigte »sich zurecht zu legen«, wie es im Jargon der Ermittler zuweilen heißt.

Als der Vorsitzende Richter Wolfgang Hoffs dem Marburger Professor Helmut Remschmidt eine Passage aus dem Protokoll vorlas und fragte, wo denn hier die Hand der Polizei zu erkennen sei, antwortete dieser: »Das ist schwer zu sagen.« Es gebe jedoch »andere Stellen, wo ich genau sagen kann, das ist die Hand der Polizei. Das ist das eigentliche Argument. Ich würde an Ihrer Stelle verwerten, was ich hier in der Hauptverhandlung gehört habe. Es steht mir zwar nicht zu, Ihnen das zu sagen. Es ist aber so.«

Petra Hermann sei eine »verwirrende Angeklagte« gewesen, notierte Gerhard Mauz. Sie wirkte wie ein Kind und wie eine erfahrene Frau. »Unvereinbares steht bei- und durcheinander. Sie nimmt für sich ein, und sie stößt ab. Sie wirkt hilflos und dann gleich wieder überaus geschickt.« Mal sprach sie von Palatinis

Die Angeklagte und ihr Anwalt Jürgen Wessing beim Prozessauftakt

»ungeheuren Potenzschwierigkeiten«, mal davon, dass es ihr doch nur darum gegangen sei, einfach in den Arm genommen zu werden.

Sie habe »etwas Engelhaftes«, »etwas Reines, Porzellanhaftes«, schrieb ein anderer Journalist: »zarter, verträumter Gesichtsausdruck« unter »braunen Locken«. Und er fragte sich: Ist sie eine heimtückische Mörderin? Oder ist sie das Opfer eines heimtückischen Mannes, der sie hörig machte und sexuell quälte?

»MIT BEIDEN BEINEN FEST IN DEN WOLKEN«

Was Petra Hermann in den vielen Stunden des Prozesses über ihr Leben berichtete, war eine seltsame Mischung aus Versponnenheit, Erdenferne, Verträumtheit. Professor Schorsch brachte diese Realitätsferne in einem wunderbaren Satz auf den Punkt: »Mit beiden Beinen fest in den Wolken.« Sie habe über die Tat berichtet wie über »etwas, das ihr zugestoßen, widerfahren ist, aber nicht, was sie selber strukturiert und getan hat«. Und er erklärte dem Gericht, eine »therapeutische Aufarbeitung« sei »dringlich geboten«: Dies könne »nicht in einer langjährigen Haft passieren«.

Von den fünf Sachverständigen votierten drei dafür, Hermann eine »verminderte Schuldfähigkeit« zuzugestehen. Zwei hielten die Angeklagte wegen einer »hochgradigen affektiven Aufladung« für schuldunfähig – oder wollten dies zumindest nicht ausschließen. Für Remschmidt war klar: Hermann habe »ihr Verhalten nicht mehr steuern und kontrollieren« können.

Der Staatsanwalt attackierte in seinem Plädoyer die Sachverständigen, weil sie versucht hätten, mittels ihrer Expertise die Aufklärungsarbeit der Strafkammer an den 18 Prozesstagen »in den Hintergrund zu rücken«. Er räumte ein, dass Hermann nicht voll schuldfähig sei – und beantragte eine zehnjährige Freiheitsstrafe wegen Mordes, weil die Angeklagte die »Arg- und Wehrlosigkeit des Opfers« ausgenutzt habe.

Beide Verteidiger griffen den Staatsanwalt scharf an – und forderten einen Freispruch. Rechtsanwalt Wessing schilderte seine

Mandantin als »kindgleichen Menschen«, Palatini, ihr »Ersatzvater«, habe sie nur noch als »Sexualobjekt« gesehen. »Alle Indizien, die wir haben, deuten auf Schuldunfähigkeit hin.« Sie habe die Tat weder geplant noch richtig gezielt, als sie mit der Armbrust schoss. Sein Kollege Rosenkranz sagte, eine Haftstrafe sei völlig verkehrt – Petra Hermann müsse dringend psychotherapeutisch behandelt werden. »Das ist im Gefängnis nicht möglich.«

Das letzte Wort gehörte der Angeklagten. Sie beteuerte, den Tränen nah: »Ich hatte wirklich zu keinem Zeitpunkt vor, Palatini etwas anzutun. Bis heute weiß ich nicht, wie so etwas Schreckliches passieren konnte.«

EINE ART GNADENWEG

Am 28. Oktober 1987 verurteilte die 15. Große Strafkammer Petra Hermann wegen Mordes zu neun Jahren Haft. Die Tat, sagte der Vorsitzende Richter Hoffs, sei kein »Naturereignis« gewesen oder »außerhalb des Willens« geschehen: »Palatini war ein Unglück für die Angeklagte, die Angeklagte für Palatini eine Katastrophe.« Zwar habe der »lebenserfahrene Mann« dem Mädchen »auf der Endstrecke der verhängnisvollen Entwicklung (...) die Luft zum Atmen genommen«. Doch »seinen Tod verantwortet er nicht – er ist Opfer, nicht Täter«.

Peter Bier, ein justizerprobter Reporter des *Stern*, verließ nach dem Urteil kopfschüttelnd das Landgericht und schrieb: »Wohl selten sind einem Schwurgericht von Gutachtern so eindringliche wie plausible Gründe genannt worden, auf Schuldunfähigkeit zu erkennen oder auf eine so milde Strafe, die ärztliche Hilfe möglich gemacht hätte. Und selten wohl hat ein Schwurgericht so salopp und unsensibel darüber hinweggeurteilt ...«

Hermanns Anwälte gingen in Revision, die vom Bundesgerichtshof jedoch abgelehnt wurde. Und doch fand die Justiz eine Art Gnadenweg. Die Strafvollstreckungskammer des Landgerichts Düsseldorf halbierte die Strafe von neun Jahren. 1992 war Petra Hermann wieder frei – und nahm einen neuen Namen an.

Ihr früherer Verteidiger Jürgen Wessing kritisiert das Urteil heute immer noch: »Wenn alles mit rechten Dingen zugegangen wäre, hätte es niemals dazu kommen dürfen.« Soll heißen: Der Prozess gegen Petra Hermann war aus seiner Sicht nicht wirklich fair.

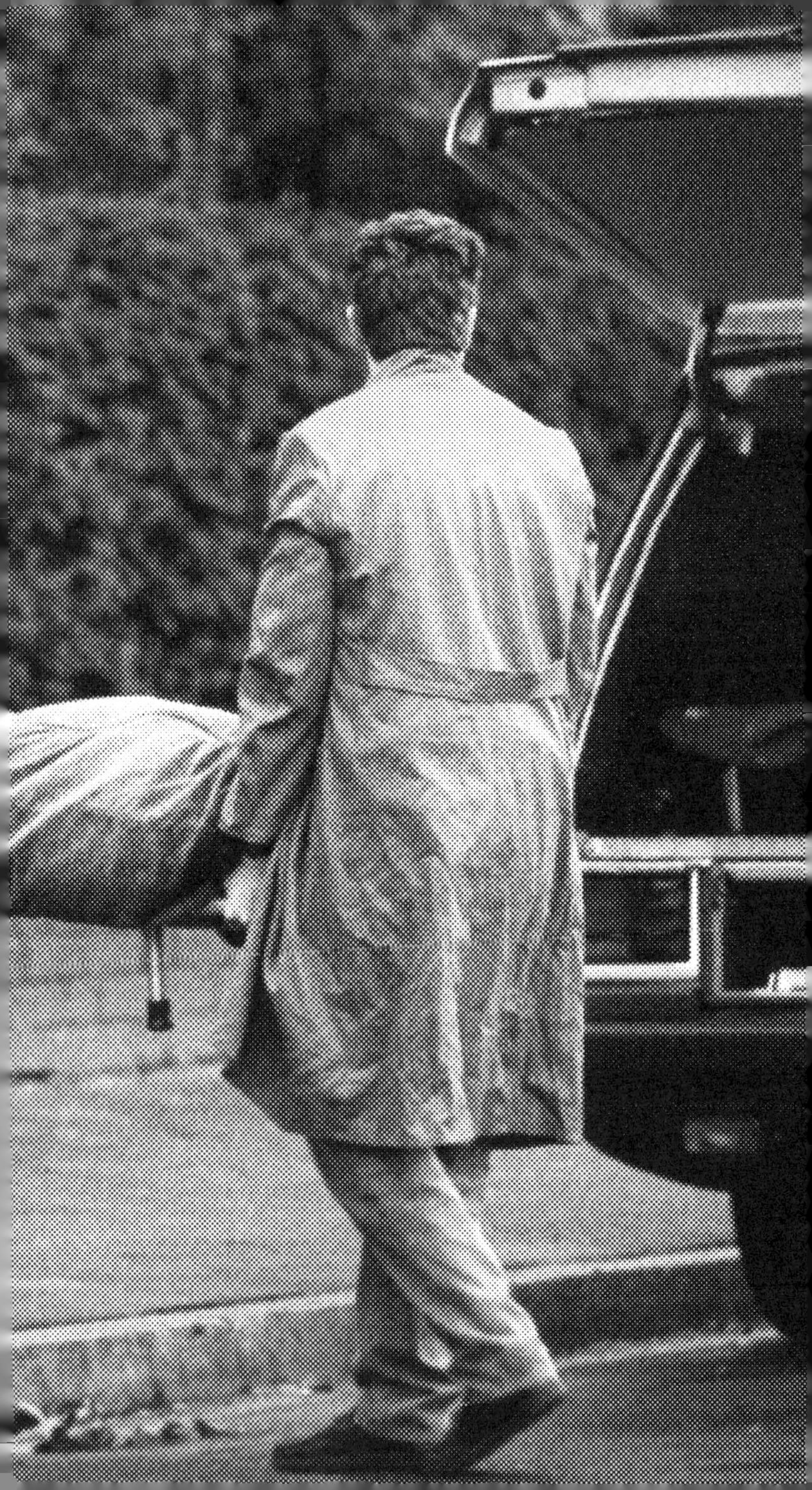

DAS LETZTE ATTENTAT DER RAF

TREUHAND-CHEF DETLEV KARSTEN ROHWEDDER WIRD ERMORDET

1. APRIL 1991

Der Kaiser-Friedrich-Ring im linksrheinischen Viertel Niederkassel. Manche Düsseldorfer nennen die Straße auch »Prominentenufer«. Schicke, großzügige Häuser stehen neben alten, gediegenen Villen. Hier wohnen Menschen, die es zu etwas gebracht haben. Etwa Dieter Spethmann, ehedem Chef des traditionsreichen Thyssen-Konzerns, den Neider – auch Spötter – »Sonnenkönig der Ruhr« nennen. Oder, direkt neben ihm, Kaiser-Friedrich-Ring 71, der Ex-Staatssekretär und Ex-Industriellenkollege Detlev Karsten Rohwedder.

Seit August 1990 leitet der Sozialdemokrat Rohwedder, auch auf Wunsch der Bundesregierung, die Berliner Treuhand, offizieller Name: »Anstalt zur treuhänderischen Verwaltung des Volkseigentums«. Sein Job ist der wohl schwierigste im gerade wiedervereinigten Deutschland. Er muss aus der Ruine des real existierenden Sozialismus eine Marktwirtschaft machen – also etwa 8500 einstige volkseigene Betriebe (VEB) erst sanieren, dann privatisieren. Daran hängt das Schicksal von etwa vier Millionen Beschäftigten. Und harte Schnitte sind unvermeidlich.

»Die Treuhand«, hatte erst kurz zuvor das frühere SED-Blatt *Neues Deutschland* polemisiert, sei deswegen »eine Knochenhand des Sensenmannes«. In kleinem Kreis gesteht Rohwedder, eher zögerlich: »Ich fühle mich als Buhmann der Nation.« Die Aufgabe in der »Mittellage zwischen Industrie und Politik« sei genau nach seinem Geschmack, aber auch »von nahezu furchterregender Dimension«.

Die Polizei schätzt Rohwedder wegen des Treuhand-Engagements als »erheblich gefährdet« ein – deshalb hat ihn das Bundeskriminalamt der Sicherheitsstufe 2, der zweithöchsten, zugeordnet. Das heißt: »Ein Anschlag ist nicht auszuschließen«. Heißt auch: eigentlich ständiger Personen- und Objektschutz.

In Berlin sind deshalb Leibwächter an Rohwedders Seite. Vor seinem Zimmer in einem Hotel an der Friedrichstraße, wo er unter der Woche wohnt, sitzen rund um die Uhr Polizisten in Zivil. Sein Dienst-Mercedes ist gepanzert. Wenn er zu Terminen gefahren wird, sind Personenschützer direkt hinter ihm.

Daheim in Düsseldorf ist die Bewachung eher lasch. Die örtliche Polizei, zuständig für seinen Schutz, hatte zwei Ratschläge gegeben: den Kellereingang mit einer Eisentür zu verrammeln und die beiden Fenster im Parterre mit vier Zentimeter dickem Sicherheitsglas der Güteklasse »C 3« auszustatten. Die drei Fenster im Obergeschoss des fast 100 Jahre alten Hauses blieben so, wie sie waren. Normales Glas.

Wenn Rohwedder in offizieller Funktion an Rhein und Ruhr unterwegs ist, wird er von Bodyguards begleitet. Ansonsten streifen

Detlev Karsten Rohwedder bei einer Pressekonferenz der Treuhandanstalt in Berlin, 1991

Einschusslöcher in den Fenstern des Düsseldorfer Hauses von Detlev Karsten Rohwedder

1. April 1991

Polizeiautos nur unregelmäßig durch seine Düsseldorfer Wohngegend. Angeblich hatte er selbst um eine lockere Überwachung gebeten, um sich zumindest daheim etwas ungebundener zu fühlen. Ein verständlicher Wunsch. Wenn denn diese in Polizeikreisen gestreute Version stimmt.

NÄCHTLICHE ANRUFE

Die letzten Tage im März 1991, bald ist Ostern. Rohwedders Ehefrau Hergard ist allein daheim, Tochter Cecilie und Sohn Philipp sind erwachsen und längst aus dem Haus. »Es gab Anzeichen, dass sich was zusammenbraute«, berichtete Hergard Rohwedder später. Nachts sei angerufen worden, »um zwei, drei Uhr. Ich bin rangegangen, weil meine Mutter in Hamburg krank war und ich immer in Sorge um sie war. Es war niemand dran.« Mehrfach sei nachts am Haus geklingelt worden – doch als sie runtergeschaut habe, war »nichts, niemand zu sehen«.

Am Gründonnerstag, dem 28. März, kommt ihr Mann nach Hause: Osterurlaub. Zwei Polizisten begleiten ihn. Hergard Rohwedder berichtet ihnen über das nächtliche Geklingele und sagt: »Da ist Bewegung, das macht mich misstrauisch.« Einer der Beamten habe ziemlich »cool reagiert«: »Ja, was erwarten Sie denn, sollen wir vielleicht auf dem Rhein mit einem Schiff hin- und herfahren?« Bis zum Rhein sind es gerade mal 100 Meter. Zwischen dem Fluss und der Rohwedder-Villa liegen, leicht abschüssig, die Rheinauen, mitten drin Schrebergärten. Davor, zur Straße hin, eine Reihe gepflegter Platanen.

Karfreitag. In der Nacht zuvor hatten unbekannte Täter einen Brandanschlag auf eine Dependance der Treuhand in Berlin verübt, keine Verletzten, lediglich Sachschaden. Ein »Kommando Thomas Münzers Wilder Haufen« bekennt sich zu der Tat – und nennt Rohwedder einen »Totengräber« der alten DDR. Totengräber, eine immer wieder benutzte, aber falsche Floskel.

Berlin schickt sofort eine Information nach Düsseldorf. Doch die bleibt erst einmal liegen. Feiertage.

Ein paar Stunden nach Eingang dieser Nachricht melden sich bei der Düsseldorfer Polizei Mitarbeiter eines Sicherheitsunternehmens, das Rohwedders Nachbar Spethmann engagiert hat. In den Schrebergärten sei ein verdächtiges Pärchen »in dunkler Kleidung« gesichtet worden, nahe beider Villen zwei Autos – »Mittelklassewagen« – mit fremden Kennzeichen. Keine Reaktion. Feiertage eben.

Am Ostersonntag besuchen Hergard und Detlev Rohwedder erst Freunde in Essen. Bei ihrer Rückkehr sehen sie, dass vor einem Haus in direkter Nähe ein Auto parkt, in dem ein junges Paar sitzt. Hier hat eine Kanzlei ihren Sitz, die aber sonntags geschlossen ist. Seltsam. Hergard Rohwedder will hingehen, ihr Mann sagt: »Komm, lass es, was soll's.«

Daheim verstecken sie bemalte Eier und jeder für den anderen ein Buch. Beide haben überraschend das gleiche ausgesucht – einen Band über die literarischen Salons im Berlin der 1920er-Jahre, der »wilden Zwanziger«.

Am Ostermontag, dem 1. April, arbeitet der Treuhand-Chef vom Nachmittag an bis in den späten Abend. Das Arbeitszimmer liegt – wie das Schlafzimmer – im ersten Stock. 23.30 Uhr, Rohwedder hat schon die Schlafkleidung an, einen beige-blauen Pyjama. Er steht vor seinem Schreibtisch mit dem Rücken zum Fenster, aufgerichtet zu voller Größe: 1,92 Meter. Und will wohl gerade das Licht ausschalten.

Dann fällt ein Schuss. Ein Präzisionsschuss.

Die Kugel durchschlägt seinen fünften Brustwirbel. Zerreißt dabei Aorta, Speiseröhre, Luftröhre. Rohwedder bricht zusammen. Und verblutet innerhalb von Sekunden.

Hergard Rohwedder stürzt ins Zimmer. Jetzt fällt ein zweiter Schuss – ein winziger Teil des Projektils zerschmettert ihr linkes Ellenbogengelenk. Dann, mit Verzögerung, ein dritter. Die Kugel trifft das Bücherregal.

Sie ruft, wie in Trance, die Notrufnummer 110 an. Obwohl es eine Direktleitung ins Präsidium gibt. Sagt: »Ich glaube, mein Mann ist erschossen worden.« Die Polizei ist binnen Kurzem

Spurensicherung am Tag danach: Ein Kriminaltechniker untersucht das Fenster im ersten Stock

da. Wenige Stunden später sind auch 60 Terrorspezialisten des Bundeskriminalamts vor Ort, das von jetzt an federführend ist und eine Sonderkommission einrichtet – genannt »Treuhand«.

DREI ZIGARETTENKIPPEN, ACHT HAARE

Die Stelle, von der aus geschossen wurde, liegt in den Schrebergärten zwischen Büschen und Bäumen – exakt 63 Meter von der Rohwedder-Villa entfernt. Keine wirkliche Distanz für einen guten Schützen mit einem guten Gewehr samt Zielfernrohr. Gefunden werden: ein Gartenstuhl, der wohl als Stütze diente. Drei Hülsen von Projektilen des Kalibers 7,62 × 51. Drei Zigarettenkippen. Und ein dunkelblaues Frotteehandtuch, in dem sich acht Haare verfangen haben.

Auf dem Erdboden außerdem ein Blatt Papier, beschwert mit einem Fernglas vom Typ »Ultra«. Elf Zeilen nur, elf Phrasen – unterzeichnet: »Rote Armee Fraktion – Kommando Ulrich Wessel«. Der erste Satz lautet: »Wer nicht kämpft, stirbt auf Raten.« Der Schlusssatz: »Zusammen kämpfen und wir werden zusammen siegen!« Wessel hatte jener RAF-Truppe angehört, die im April 1975 die Deutsche Botschaft in Stockholm stürmte – er starb, als Sprengstoff explodierte, den die Terroristen im Gebäude verteilt hatten.

Fünf Tage später liefert das »Kommando Ulrich Wessel« eine lange Erklärung in der für RAF-Mitteilungen typischen Kleinschreibung nach. Rohwedder sei erschossen worden, weil er einer »dieser schreibtischtäter« sei, »die tagtäglich über leichen gehen und die im interesse von macht und profit elend und tod von millionen menschen planen. in den 80er jahren machte sich rohwedder als chef des hoesch-konzerns einen namen als brutaler sanierer. er hat bei hoesch in wenigen jahren mehr als 2/3 aller arbeiterinnen rausgeschmissen und den bankrotten konzern zu neuen profitraten geführt. (...) die krönung (...) sollte seine funktion als bonner statthalter in ostberlin sein. seit ihrer annexion ist die ex-ddr faktisch kolonie der bundesrepublik ...«

Rekonstruktion des Attentats: Ein BKA-Beamter zeigt ein baugleiches Modell der Tatwaffe

Elf Zeilen, elf Phrasen: Das erste Bekennerschreiben der RAF, das in der Nähe des Wohnhauses gefunden wurde

WER NICHT KÄMPFT, STIRBT AUF RATEN -
FREIHEIT IST NUR MÖGLICH IM KAMPF UM BEFREIUNG

GEGEN DEN SPRUNG DER IMPERIALISTISCHEN BESTIE
UNSEREN SPRUNG IM AUFBAU REVOLUTIONÄRER GEGENMACH

DIE BEDINGUNGEN FÜR MENSCHENWÜRDIGES UND
SELBSTBESTIMMTES LEBEN
IM KAMPF GEGEN DIE REAKTIONÄREN GROSSDEUTSCHEN U
WESTEUROPÄISCHEN PLÄNE ZUR UNTERWERFUNG UND AUSBE
DER MENSCHEN HIER UND IM TRIKONT
DURCHSETZEN !

ZUSAMMEN KÄMPFEN UND WIR WERDEN ZUSAMMEN SIEGEN

ROTE ARMEE FRAKTION
KOMMANDO ULRICH WESSEL

Wieder Phrasen, denn was da über Rohwedders Arbeit beim traditionsreichen Dortmunder Stahlunternehmen Hoesch stand, war glatter Unsinn, Geschichtsklitterung. Als Vorstandsvorsitzender hatte er mit seinem konsequenten Sanierungskurs nicht nur Hoesch vor der Pleite gerettet, sondern in enger Zusammenarbeit mit Betriebsräten und der IG Metall und unterstützt von der Bundesregierung auch 10.000 Arbeitsplätze gerettet und dafür gesorgt, dass niemand entlassen wurde. Ein ausgeklügelter Sozialplan sorgte dafür, dass ältere Beschäftigte Jahr um Jahr ausschieden – und bis zur Rente 90 Prozent des letzten Nettogehalts überwiesen bekamen.

»Bonner Statthalter« war er ebenfalls nicht. Ihn zum Chef der Treuhand zu berufen, hatte formal der Ministerrat der DDR beschlossen. Und mit dieser Personalie die Zustimmung der Bundesregierung gefunden.

DIE DRITTE TERRORISTENGENERATION

Dass in diesem Bekennerschreiben falsche Tatsachenbehauptungen aufgestellt wurden, schien, bei Licht betrachtet, ein Novum. Und säte mancherorts Zweifel, ob tatsächlich RAF-Terroristen die Autoren waren. Andererseits gibt es keinen einzigen Fall, in dem sich ein solches Papier, das BKA-Kriminaltechniker oder Exegeten der Bundesanwaltschaft als echt eingestuft hatten, im Nachhinein als Fälschung herausgestellt hätte.

Der Mordanschlag auf Rohwedder war das letzte Attentat der 1969 gegründeten RAF, die nun quasi bereits in dritter Generation operierte. Bis heute aber bleiben mancherlei Rätsel, aus denen manchmal auch Gerüchte entstehen. Das hatte mit der Fähigkeit oder dem Geschick der Baader-Meinhof-Enkel zu tun, an Tatorten oder in illegalen Wohnungen nie wirklich Spuren zu hinterlassen wie etwa Fingerabdrücke. Zur Taktik der dritten Generation gehörte es auch, sich unauffällig zu bewegen.

Ein Typ wie Andreas Baader, Co-Chef der ersten Generation, »fuhr mit einem auberginefarbenen Porsche gegen die Einbahnstraße mit der Waffe auf dem Beifahrersitz zum Tatort«, sagte einmal, maßlos übertreibend, ein hessischer Verfassungsschützer. Will heißen: Tarnung spielte kaum eine Rolle. Manche RAF-Frau der ersten Stunde zog sich auffallend extravagant an und vergaß schon mal, dass eine Ausbuchtung ihrer Kleidung verriet, dass sie eine Waffe am Körper trug.

Die Mitglieder der zweiten Generation, verantwortlich für die Anschläge auf Generalbundesanwalt Siegfried Buback, den Bankier Jürgen Ponto und Arbeitgeberpräsident Hanns Martin Schleyer im Terrorjahr 1977, waren zuweilen leicht zu identifizieren. Christian Klar, einer der führenden Köpfe, legte gar Wert darauf, »seine Visitenkarte abzugeben« (so ein Ex-Fahnder). Zwei Fälle sind dokumentiert, in denen er aufreizend-absichtlich seine Fingerabdrücke hinterließ.

Manchmal waren sie auch unvorsichtig – wie etwa Willy-Peter Stoll. Er hatte dem vierköpfigen RAF-Kommando angehört, das Schleyer am 5. September 1977 in Köln entführt und dessen vier Begleiter kaltblütig ermordet hatte. Fast auf den Tag genau ein Jahr später saß Stoll, auf Fahndungsplakaten präsent, abends in Düsseldorf im Chinarestaurant »Shanghai« in der Oststraße. Zwei Gäste erkannten ihn. Als Zivilfahnder ihn kontrollieren wollten, zog er seine Waffe. Einer der Polizisten schoss viermal auf ihn. Stoll starb im Wagen des Notarztes.

Ganz anders die dritte Generation. Sie war umsichtig, vorsichtig, konspirativ. »Wir wissen einfach nicht«, gestand nach dem Mord an Rohwedder der FDP-Justizminister Klaus Kinkel, »wie wir an die Terroristen rankommen sollen.« Trotz eines mit riesigem Aufwand eingerichteten Fahndungsapparats war in den 1980er-Jahren nur ein RAF-Mitglied ins Netz gegangen, und das eher zufällig. In der Rüsselsheimer Eisdiele »Dolomiti« konnte 1986 die wichtige RAF-Vordenkerin Eva Haule-Frimpong festgenommen werden – weil sie die eigenen Regeln der Sicherung ausnahmsweise gröblich verletzt hatte.

Tatort der Entführung von Hanns Martin Schleyer in Köln am 5. September 1977

6. September 1978: Das Chinarestaurant in Düsseldorf, in dem das RAF-Mitglied Willy-Peter Stoll erschossen wurde

Und Jahr für Jahr schlug die RAF zu.

1. Februar 1985: Mord an Ernst Zimmermann, Chef des MTU-Konzerns und Vorsitzender des Bundesverbands der Deutschen Luft- und Raumfahrtindustrie. Tatort: Gauting bei München. Täter konnten nie ermittelt werden.

9. Juli 1986: Mord an Karl Heinz Beckurts, Forschungsleiter der Siemens AG und einer der Begründer der Neutronenphysik. Auch sein Fahrer Eckhard Groppler wird getötet. Tatort: Straßlach bei München. Täter: unbekannt.

10. Oktober 1986: Mord an Gerold von Braunmühl, Ministerialdirektor im Auswärtigen Amt, früher Botschafter in Washington, Neu-Delhi und Moskau. Tatort: Bonn. Mit derselben Waffe war Hanns Martin Schleyer getötet worden. Ansonsten: keine Spur.

20. September 1988: Anschlag auf Hans Tietmeyer, Staatssekretär im Bundesfinanzministerium. Tatort: Bonn. Kein Verletzter, keine Spur.

30. November 1989: Mord an Alfred Herrhausen, Chef der Deutschen Bank. Tatort: Bad Homburg. Eine mit dem Sprengstoff TNT gefüllte Mine war punktgenau per Lichtschranke gezündet worden, ähnlich wie bei Beckurts. Einzige Spur – ein paar Haare, die im Asphalt klebten.

27. Juli 1990: Sprengstoffanschlag auf Hans Neusel, Staatssekretär im Bundesinnenministerium. Tatort: Bonn. Neusel wird leicht verletzt. Täter: unbekannt.

13. Februar 1991: Von der rechten Rheinseite her werden über den Fluss mehr als 250 Schüsse auf die US-Botschaft in Bonn-Bad Godesberg abgefeuert. Aus drei Gewehren. 62 treffen ihr Ziel, es entsteht nur leichter Sachschaden. Eines dieser Gewehre ist ein belgisches G 1, Standardwaffe in den Armeen einiger Nato-Länder, und stammte offenbar aus einem Waffenarsenal, das die französische Terrorgruppe »Action Directe« und eine Splittergruppe aus Belgien mit dem klingenden Namen »Front Révolutionnaire d'Action Prolétarienne« in einer Brüsseler Garage angelegt hatten.

Knapp sieben Wochen später wird dieses G 1-Gewehr wieder eingesetzt – beim Anschlag auf Rohwedder.

»ICH MUSS MAL MIT IHNEN REDEN ...«

Dass der Treuhand-Chef ins Fadenkreuz der RAF geraten war, stand spätestens seit Ende 1990 fest – nachdem BKA-Experten abgefangene Kassiber und bei Zellendurchsuchungen beschlagnahmte Papiere, immerhin 7.000 Blatt, ausgewertet hatten. Eine ihrer Schlussfolgerungen lautete: Politiker und Wirtschaftsbosse, die im Zuge der Wiedervereinigung herausragende Positionen innehatten, nach RAF-Logik »Schnittstellenfunktionen im politischökonomischen Bereich«, seien »potenziell gefährdet«.

Unter dem Aktenzeichen TE 22-221392/90 (»Verschlusssache – Nur für den Dienstgebrauch«) listete das BKA alphabetisch 32 Personen auf. Etwa Bundeskanzler Helmut Kohl. Außenminister Hans-Dietrich Genscher. Finanzstaatssekretär Horst Köhler. Oder Carl Hahn, VW-Chef. Oder Hilmar Kopper, Vorstandssprecher der Deutschen Bank. Und Detlev Rohwedder – Stichwort bei ihm: »Privatisierung von ehemaligen DDR-Unternehmen«.

Der Treuhand-Chef erfuhr von seiner Gefährdung nicht durch Mitarbeiter des BKA. Hans Neusel, der Innenstaatssekretär, hatte ihn auf einer Veranstaltung in Bonn diskret zur Seite genommen: »Ich muss mal mit Ihnen reden ...« Rohwedders Schutz in Berlin wurde ab jetzt hervorragend organisiert – nicht aber in Düsseldorf. Zwar hatte ein BKA-Team unter Leitung von Rainer Hofmeyer den Kollegen vom Landeskriminalamt (LKA) klar gemacht: »Wenn Rohwedder etwas passiert, dann seid ihr dafür verantwortlich.« In einem *Spiegel*-Interview sagte Hofmeyer, das LKA habe »wahrscheinlich« das Düsseldorfer Polizeipräsidium »in unserem Sinne informiert«. Und das habe »vermutlich die Warnung als übertrieben abgetan, vielleicht sogar als Spinnerei«. Sein bitteres Fazit: »Es war staatlicher Unwille, der Rohwedder (...) das Leben gekostet hat. Dafür müsste das Land Nordrhein-Westfalen eigentlich die Verantwortung übernehmen, aber das wird wohl nie passieren.«

»LANGE KAMPFPHASE«

Nach Ansicht von Fahndern und Verfassungsschützern bedeuteten die Schüsse von Düsseldorf am 1. April 1991 auch, dass die RAF alsbald eine »neue Offensive« starten würde. Als Beleg dafür galt ihnen die Ankündigung einer »langen Kampfphase«. Zum einen planten inhaftierte Terroristen, die Bundesregierung durch einen neuerlichen Hungerstreik, den zehnten insgesamt, zu zwingen, der wiederholten Forderung nach Zusammenlegung aller Genossen in einem Gefängnis endlich nachzugeben. Zum anderen solle es, so formulierte es Eva Haule-Frimpong in einem Kassiber, »draußen Aktionen geben«. Druck also durch Entführungen. Oder Morde.

Die – wirre – Hoffnung der Vordenkerin: In der Bürgerschaft werde es deshalb zu »einer starken Solidarität« mit der RAF kommen, wegen der »Widersprüche durch die DDR-Annexion« und der »sozialen Lage dort«. Im typischen Jargon stellte Haule-Frimpong fest: »Ein Sprung ist greifbar.« Es galt, den Zorn Zehntausender Ost-Bürger auf westliche »Kaputtsanierer« und »Wegrationalisierer« umzumünzen in Sympathie für die »rev. bew.«, so das RAF-Kürzel für »revolutionäre Bewegung«.

Indes, dieser »Sprung« blieb aus – an der Terrorfront kehrte stattdessen Ruhe ein, unterbrochen nur von einem katastrophal endenden Einsatz des BKA und der Antiterror-Einheit GSG 9 auf dem Bahnhof des Städtchens Bad Kleinen in Mecklenburg-Vorpommern Ende Juni 1993. Zum ersten Mal seit vielen Jahren war es den Behörden gelungen, einen V-Mann an die RAF-Spitze »heranzuspielen«, wie es im Jargon der Geheimdienste heißt. Dieser hatte das Vertrauen der früheren Jurastudentin Birgit Hogefeld gewinnen können, einer Leitfigur der dritten RAF-Generation. Sie wollte sich in Bad Kleinen mit ihrem Freund Wolfgang Grams treffen, der wie Hogefeld seit 1984 im Untergrund lebte. Dank der V-Mann-Hinweise waren die Fahnder Hogefeld seit Monaten auf der Spur – im Bahnhof erfolgte der Zugriff. Sie wurde festgenommen, Grams tötete den GSG-9-Beamten Michael Newrzella und dann, auf den Gleisen liegend, sich selbst.

In einem RAF-Schreiben an die linksradikale Berliner Zeitung *Junge Welt* hieß es Mitte Dezember 1996: »Das RAF-Konzept ist überholt«, eine »modifizierte Neuauflage des Alten« könne es nicht mehr geben.

Spezialisten der »Koordinierungsgruppe Terrorismusbekämpfung«, in der die Crème de la Crème deutscher Staatsschützer versammelt war, kamen nun zu der Überzeugung, »Anschläge gegen Personen« seien künftig »unwahrscheinlich«. Ein Beamter des bayerischen Landeskriminalamts ging bei der Bewertung noch einen Schritt weiter. Lapidar erklärte er: Für ihn sei die RAF »als terroristisch handelnde funktionsfähige Gruppierung nicht mehr existent«. Auf Deutsch: Die RAF ist tot.

Im April 1998 erklärte die RAF in einem achtseitigen Schreiben an die Nachrichtenagentur Reuters tatsächlich: »Heute beenden wir dieses Projekt.« Ein Projekt des Schreckens und der Schrecklichkeiten – »nun Geschichte«. Zwar habe man den Fehler gemacht, »neben der illegalen, bewaffneten keine politisch-soziale Organisation aufzubauen«. Aber »grundsätzlich« sei es »richtig gewesen, sich gegen die Verhältnisse in der BRD zu stellen und zu versuchen, die Kontinuitäten der deutschen Geschichte mit Widerstand zu durchkreuzen«. Sollte heißen: Nazis und SS-Leute hätten stets ungehindert Karriere machen können: »ein wesentliches Moment des Aufbaus und der Entwicklung der BRD«. Voraussetzung »für den Völkermord der Nazis« seien »Untertanengeist und Gleichgültigkeit« gewesen. »Mit diesen deutschen Traditionen« habe die RAF »gebrochen und ihnen jegliche Zustimmung entzogen«.

Und die bis heute unbekannten Urheber erklärten, »froh« zu sein, als »Teil der weltweiten antiimperialistischen« Bewegungen ein System attackiert zu haben, »in dem der Profit das Subjekt, der Mensch das Objekt ist«.

Dann wurden die eigenen Toten geehrt, die »im bewaffneten Kampf alles« gegeben hätten. Märtyrer in eigener Sache. Kein Wort über die Opfer, nichts. Erbärmlich. Auf beiden Seiten hatte es 54 Tote gegeben, darunter auch längst vergessene unbeteiligte

Spurensuche auf dem Bahnhof von Bad Kleinen nach der Tötung des RAF-Mitglieds Wolfgang Grams am 27. Juni 1993

Verräterisches Haar: Wolfgang Grams war am Rohwedder-Mord beteiligt

Menschen. 230 Menschen, wahrscheinlich sogar mehr, wurden zum Teil schwer verletzt.

Der frühere BKA-Chef Horst Herold hat diesen Text einmal als »selbstgesetzten Grabstein« bezeichnet. Die Historikerin Petra Terhoeven verglich ihn mit einem »Kriegerdenkmal«, das »vor allem der Identitätsstiftung der Überlebenden« gedient habe.

DIE BKA-ARBEITSGRUPPE 80/90

Diese Erklärung machte noch einmal schlagartig klar, dass die Fahndung nach den Mitgliedern der dritten Generation ein einziges Desaster gewesen war. Bis auf einen Anschlag auf den militärischen Teil des Frankfurter Flughafens, bei dem im August 1985 zwei US-Soldaten und eine zivile Angestellte getötet wurden, konnte keines der den Terroristen zugerechneten Verbrechen – Morde, Sprengstoffanschläge, Raubüberfälle – aufgeklärt werden.

Deshalb kam die Order: nachsitzen. Im BKA in Wiesbaden wurde 1996 eine 20-köpfige Arbeitsgruppe, genannt 80/90, gegründet, zu deren Aufgaben es gehörte, Asservate aus früheren Fällen auf genetische Informationen hin zu untersuchen und sie mit bereits identifiziertem Material von Verdächtigen zu vergleichen. Ein solcher Verdächtiger war Wolfgang Grams.

Viel gab es nicht. Ein paar Zigarettenstummel, ein paar Haare. Lange ließen sich Spuren von DNS (englisch: DNA) nur in der Wurzel eines frisch ausgerissenen Haares sicher feststellen. Dann schaffte ein BKA-Mitarbeiter, der sich in Südkorea einen neuen Job gesucht hatte und eiligst zurückgeholt worden war, den Durchbruch. Ihm gelang es Ende des Jahres 2000, auch bei ausgefallenen, sogenannten »telogenen« Haaren DNS aufzuspüren – ein Quantensprung in der Kriminaltechnik.

Der Fall Rohwedder wurde im Prioritätenkatalog der BKA-Spezialisten vorgezogen, weil der zehnte Todestag näher rückte. Eine Analyse der Asservate ergab, dass eines der acht Haare, die sich im dunkelblauen Frotteehandtuch verfangen hatten, zweifelsfrei von Grams stammte. Einem Mann, der längst tot war. An einer der drei Zigarettenkippen haftete ein winziger Speichelrest. Der Raucher oder die Raucherin hatte die Blutgruppe A, eine andere als Grams. Also mussten zwei Personen am Anschlag auf Rohwedder beteiligt gewesen sein. Mindestens zwei.

DIE STASI KAM INS SPIEL

Damit waren Überlegungen hinfällig, die schon bald nach der Ermordung Rohwedders laut geworden waren – dass nämlich die Tat, trotz der beiden Bekennerschreiben, nicht von Mitgliedern der RAF verübt worden sei. So fragten die Autoren des Buchs *Das RAF-Phantom*, ob »nicht (…) Feinde außerhalb der Linken, innerhalb des Systems des großen Geldes im In- und Ausland etwa« Täter oder Anstifter gewesen sein könnten. Auch die Stasi kam ins Spiel, natürlich. Nicht nur bei Politikern wie Johannes Gerster, dem innenpolitischen Sprecher der CDU/CSU-Bundestagsfraktion, keimte der Verdacht, DDR-Agenten könnten zumindest geholfen haben.

Selbst Experten wie der Hamburger Verfassungsschutzchef Christian Lochte oder Hans-Ludwig Zachert, der Präsident des Bundeskriminalamts, wollten dies nicht generell ausschließen. Zachert sagte, zumindest müssten »vorsichtige Überlegungen« in diese Richtung angestellt werden. Tatsächlich war genau in der Osterwoche 1991 bekannt geworden, dass das Ministerium für Staatssicherheit (MfS), das Ende der 1970er-, Anfang der 1980er-Jahre RAF-Aussteigern der zweiten Generation Unterschlupf in der DDR gewährt hatte, auch aktive Terroristen ausbildete. Dabei ging es etwa um die Konstruktion eines Lichtschrankenzünders für Sprengstofffallen oder den Umgang mit der sowjetischen Panzerfaust RPG-7.

Im Jahr 1998 suggerierte ein bombastisch angekündigter Film des Westdeutschen Rundfunks mit dem Titel *Wer erschoss den Treuhand-Chef?*, Rohwedder sei von alten DDR-Seilschaften aus dem Weg geräumt worden, deren krummen Geschäften er auf die Spur gekommen sei. Vieles spreche für einen »professionellen

Auftragsmord, begangen aus Motiven fernab von jeder Ideologie«. Der Killer sei vermutlich nach der Tat im nahe gelegenen Rhein abgetaucht – deshalb gebe es von ihm keine Spur, obschon die Polizei rasch am Tatort war. Fakt ist jedoch, dass es mindestens zwanzig Minuten dauerte, bis die sogenannte Ringfahndung stand. Und die nächste Autobahnauffahrt lag nur wenige hundert Meter vom Tatort entfernt. Nah genug also, um ohne große Eile trockenen Fußes zu entkommen.

Freilich, auch Hergard Rohwedder, die im Mai 2019 starb, stellte Überlegungen an, ob hinter dem Mord an ihrem Mann nicht doch die Stasi gesteckt haben könnte. Und sie berief sich dabei auf prominente Ex-DDR-Bürger, wie den früheren Bürgerrechtler Günter Nooke oder die Physikerin Dagmar Schipanski, Wissenschaftsministerin in Thüringen und im Jahr 1999 CDU-Kandidatin für das Amt des Bundespräsidenten, oder Angela Merkel, die spätere Bundeskanzlerin. In einem Gespräch mit dem Autor und Filmemacher Michael Jürgs sagte Hergard Rohwedder im Jahr 2018, Nooke, Schipanski und Merkel hätten ihr gesagt, sie gingen davon aus, dass die Stasi den Mordanschlag geplant habe. Daran hätten »eigentlich alle Politiker« geglaubt, »die mit der früheren DDR etwas zu tun hatten«. Als Jürgs auf die Bekennerschreiben der RAF-Terroristen hinwies, führte die ehemalige Richterin ein Argument ins Feld, das in der Tat bemerkenswert ist: »Ja. Sie haben den Mord für sich in Anspruch genommen, richtig, aber die RAF hat bei vorangegangenen Attentaten nie auf die Familie ihres Opfers geschossen, never! Und bei uns haben sie mehrfach geschossen.«

Der erste Schuss war tödlich – auf jeden Fall war für den Schützen sichtbar, dass er Rohwedder getroffen hatte, weil dieser sofort zusammenbrach. Für die beiden Schüsse danach, die eindeutig nicht in Rohwedders Richtung gingen, könnte es zwei Erklärungen geben. Entweder Nervosität in einer Stresssituation und damit verbunden ein unkontrolliertes Handeln. Oder aber ein perfekter Schütze, ein Profi, der von sich ablenken und so zeigen wollte, dass der erste Schuss nur ein Glücksschuss war –

eine Überlegung, die übrigens in Fahnderkreisen durchaus eine Rolle spielte. Offenbar hatte Hergard Rohwedder davon gehört, denn sie sagte zu Jürgs: »Es war so, dass Leute, die sicherheitspolitische Erfahrung haben, überzeugt sind: Das kann nicht die RAF allein gewesen sein. Sie trauen ihr das nicht zu.«

Allerdings hat die These keinen Bestand – weil RAF-Mitglieder selbst sie für unglaubwürdig erklärten. Etwa Birgit Hogefeld, unter anderem wegen des Frankfurter Anschlags zu lebenslanger Haft verurteilt, längst aber wieder auf freiem Fuß. Den WDR-Film nannte sie damals sarkastisch eine »brillante Recherche«: »Noch drei solcher Filme und ich weiß wirklich nicht mehr, warum ich sitze.« Das sei alles »natürlich Quatsch«.

Und Eva Haule-Frimpong, die wegen dreifachen Mordes ebenfalls Jahrzehnte in Haft saß, schrieb im Jahr 2007 in einem Leserbrief an die *Junge Welt*: »Hier (…) klipp und klar: die RAF« sei »verantwortlich« gewesen für die »Aktion gegen (…) Detlev Rohwedder«.

SPÄTE EHRUNG

Ein Jahr nach dem Mord wurde in Berlin das Gebäude, in dem die Treuhand-Zentrale lange untergebracht war, in Detlev-Rohwedder-Haus umbenannt. Hier sitzt seit 1999 das Bundesministerium für Finanzen.

31 Jahre später ehrte die Stadt Düsseldorf Rohwedder mit einer Gedenktafel, die im Bürgersteig vor dem Haus Kaiser-Friedrich-Ring 71 eingelassen ist. Die Inschrift lautet: »Am 1. April 1991 wurde Detlev Karsten Rohwedder, Präsident der Treuhandanstalt, Manager, Politiker, Familienvater und langjähriger Bürger dieser Stadt, in seinem Wohnhaus Opfer eines feigen Anschlags, der ihn das Leben kostete und bei dem seine Ehefrau Hergard schwer verletzt wurde. Das Mitgefühl der gesamten Stadtgesellschaft gilt den Hinterbliebenen. Unsere Wertschätzung gilt dem Ermordeten und seinem Lebenswerk. Unserer Verantwortung obliegt der fortdauernde Einsatz gegen jedwede Form von Gewalt, Hass und Terror.«

Gedenktafel vor dem Haus am Kaiser-Friedrich-Ring in Oberkassel

Bis heute sind die Ermittlungen nicht abgeschlossen. Es ist eher unwahrscheinlich, dass der letzte Mordanschlag der RAF je aufgeklärt wird. Es sei denn, in irgendeinem der zahllosen Erddepots, die noch nicht entdeckt sind, finden sich Spuren. Oder irgendwer legt noch ein Geständnis ab.

DIE TOP-SPIONIN

WIE EINE ANGESTELLTE DES LANDESKRIMINALAMTS DIE STASI BELIEFERTE

6. JANUAR 1994

A 01 – Chiffre für den bekanntesten Gerichtssaal Düsseldorfs. Und den ungewöhnlichsten. Er liegt im Sockelgeschoss des altehrwürdigen Oberlandesgerichts an der Cecilienallee. Schmaler Eingang, Sicherheitsschleuse. Drinnen: eine recht beklemmende Atmosphäre, fahles Licht. Die Wände sind auf besondere Weise präpariert, um sicherzustellen, dass dieser Saal abhörsicher ist. Dies musste garantiert werden, als der Keller Mitte der 1970er-Jahre zur Gerichtsstätte wurde.

Hier verhandelten OLG-Richter über »geheimdienstliche Agententätigkeit«, wie das Strafgesetzbuch den Job von Spionen umschreibt. Und über »Landesverrat«. Jedes Wort, das in diesem Raum gesprochen wird, könnte, so definiert das Strafgesetzbuch den Bruch von Staatsgeheimnissen, »eine fremde Macht begünstigen« und »dadurch die Gefahr eines schweren Nachteils für die äußere Sicherheit der Bundesrepublik Deutschland« heraufbeschwören. Eben deshalb: abhörsicher.

Als Erste standen hier im Jahr 1975 Günter Guillaume und seine Frau Christel vor ihren Richtern. Guillaume, einer der engsten Mitarbeiter von Bundeskanzler Willy Brandt, war Stasi-Offizier (Deckname »Hansen«). Dutzende weitere Verfahren folgten, eine Statistik gibt es nicht. Zu den ganz prominenten Angeklagten gehörte der frühere SPD-Bundestagsabgeordnete Karl Wienand, der jahrelang für Ost-Berlin spionierte und dafür mehr als eine Million DM kassierte. Oder Markus Wolf[5], jahrzehntelang Chef eines der erfolgreichsten Geheimdienste weltweit – der Hauptverwaltung Aufklärung, besser bekannt unter dem Kürzel HVA.

Wolf war gewissermaßen Chef der Guillaumes und Wienands. Und auch einer Frau mit dem Tarnnamen Inge Schneider, die vom 9. Dezember 1993 bis zum 6. Januar 1994 an fünf Verhandlungstagen als Angeklagte im Saal A 01 saß. Ruth Wiegand, so ihr Klarname, hatte von 1957 bis 1988 Abertausende Dokumente an das Ministerium für Staatssicherheit verscherbelt – etliche davon gespickt mit sensiblen oder geheimen Informationen.

Wiegand alias Schneider alias 6031/60 – so lautete ihre Registriernummer bei der Stasi – wurde immer wieder geehrt und belobigt, der »Kampforden für Verdienste um Volk und Vaterland« der DDR in Gold war die höchste Auszeichnung. Die vielleicht ehrenvollste und bemerkenswerteste war der »Orden Roter Stern«, den ihr der Ministerrat der UdSSR Anfang 1978 verlieh. Stasi-Minister Erich Mielke selbst hatte Ruth Wiegand im Spätherbst 1977 den Moskauer Freunden vorgeschlagen, weil das, was sie geliefert habe, »außerordentlichen Wert« besitze und geeignet sei, der »sowjetischen Seite immer wieder zuzuarbeiten«. Etwa Hinweise auf das westliche »Fahndungs- und Überwachungssystem«. Informationen über »Maßnahmen, die feindliche Organe gegen Patrioten und Kundschafter planten« oder über die »gefährliche Tätigkeit von Terroristen«. Gemeint waren vor allem Mitglieder der RAF.

Von Ruth Wiegand existiert merkwürdigerweise kein Foto, das sie in der Öffentlichkeit zeigt – es gibt nur Lichtbilder in der voluminösen Stasi-Akte. Mal trägt sie eine Hornbrille, mal keine,

Markus Wolf, ehemaliger Chef der HVA, hier bei einer Demonstration auf dem Berliner Alexanderplatz im November 1989

Erich Mielke, Minister für Staatssicherheit der DDR, am 25. März 1983 in Ost-Berlin

die Haare toupiert, ein gewinnendes Lächeln, graublaue Augen. Merkwürdig ist auch, dass der Prozess gegen sie in aller Stille ablief. Keine Presseerklärung zum Auftakt, wie dies allenthalben üblich war. Kein informeller Hinweis an Journalisten aus dem Regierungsapparat, wie das ab und an vorkam. Keine Zeile in den Zeitungen. Wer will, der kann diesen Prozess daher gut und gerne als Geheimverfahren bezeichnen - was zwangsläufig die Frage aufwirft, was der Grund für diese totale Diskretion gewesen sein könnte.

SPITZEL »FRITZ WÜRFEL«

1957. Seit acht Jahren regiert Konrad Adenauer die Bundesrepublik, seit 1955 ist sie Mitglied der Nato, des westlichen Militärbündnisses. Jetzt müssen die ersten Wehrpflichtigen einrücken. Im Bundestag wird ein Gesetz über die friedliche Nutzung der Atomenergie eingebracht. Abgelehnt. 18 führende Atomforscher formulieren den »Göttinger Appell«, der die geplante Aufrüstung der Bundeswehr mit Atomwaffen scharf kritisiert. Die DDR-Regierung schlägt eine Art deutschen Staatenbund vor - als ersten Schritt zur Wiedervereinigung. Abgelehnt.

Am 21. Februar 1957 sitzt in einer konspirativen Wohnung des MfS in Berlin eine junge Frau - Deckname »Frieda«. Ruth Endmann, angereist aus Düsseldorf, ist 34, geschieden und Mutter einer elfjährigen Tochter. Sie hat Erzieherin gelernt. Weil es für sie keinen Job gab, verdiente sie ihr Geld erst als Verkäuferin, dann als Straßenbahnschaffnerin. Ihr derzeitiger Beruf: Fernschreiberin bei der Deutschen Bundesbahn.

Dass sie jetzt hier mit zwei Offizieren redet, einem Oberst und einem Leutnant, hat ihr Lebensgefährte eingefädelt, den sie unbedingt heiraten möchte. Er ist ein Stasi-Spitzel, in der Akte geführt als »Fritz Würfel«. Sein richtiger Name lautet Ernst Wiegand. Nach seiner Anleitung hatte Ruth Endmann diesen Treff per Brief an einen »lieben Gustav« angekündigt - kein ungewöhnlicher Weg für eine Kontaktaufnahme.

In dem Brief, der viele Rechtschreibfehler aufweist, heißt es: »Leider komme ich jetzt erst dazu Dir zu schreiben. Hätte es schon längst getan, doch die Zeit reichte nicht aus und dann ich will Dich besuchen (...). Nun habe ich hin und her überlegt und möchte Dir jetzt mitteilen, daß ich wirklich kommen werde. Freust Du Dich dann (...). Freust Du Dich denn schon. Ich glaube was ich Dir an Neuigkeiten berichten werde, daß Du Dich freust (...). Ach was freue ich mich, dann endlich wieder einmal bei Dir zu sein (...). Hoffentlich mein lieber wirst Du mich erkennen, denn etwas verändert habe ich mich. Denn weißt Du ich habe mir etwas Neues gekauft. Einen blauen Mantel mit Pelz. Einen gelbbraunen Schal eine gelbe Strickmütze braune Lederhandtasche schwarze Lederhandschuhe (...). Ach du wirst Augen machen (...).«

Nach wenigen Stunden ist klar: Auch sie wird sich, wie der Mann, den sie liebt, beim Geheimdienst verdingen. Der »Bericht über die Anwerbung« hält fest, dass Ruth Endmann bereit sei, für die DDR »Objekte des reaktionären Bonner Staatsapparates aufzuklären«. Einerseits »aus Überzeugung«, andererseits, weil sie »wirtschaftlich in schlechten Verhältnissen« lebe. Liebe und Geld – zwei klassische Beweggründe für eine Spionin.

Auf zwei Seiten schreibt sie die übliche »Verpflichtungserklärung« nieder. Sie sei »angesichts der Remilitarisierung Westdeutschlands durch Adenauer« davon überzeugt, dass es ihre »patriotische Pflicht« gebiete, »mit allen Kräften einem 3. Weltkrieg entgegen zu wirken«. Sie wisse, dass »Imperialisten und Neofaschisten (...) keine Mittel scheuen, die DDR durch ihre Agenten und Spionagezentralen zu zersetzen«. Und sie wolle helfen, die DDR »vor feindlichen Anschlägen mit zu schützen und gegen die Wiederbewaffnung und Terrorherrschaft in Westdeutschland anzukämpfen«.

Das sind nicht Ruth Endmanns eigene Worte – die Stasi-Offiziere haben sie ihr, wie schriftlich festgehalten wird, diktiert. Sie drücken ihr eine Berliner Telefonnummer in die Hand, für den Fall der Fälle: 636792. Und eine Deckadresse, über die kommuniziert werden kann: Gustav Theurer, Berlin C 2, Meinhardtstraße 17.

Aus der Stasi-Akte von Ruth Endmann: „Bericht über Anwerbung“, 1957

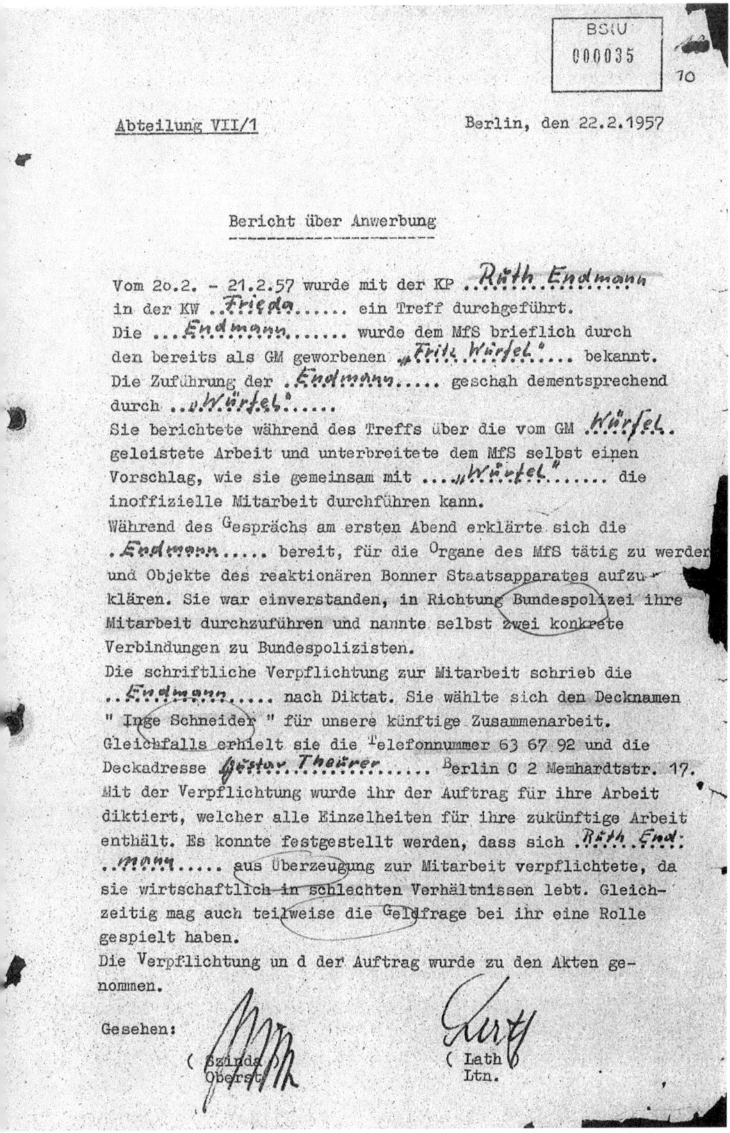

BStU
000035

70

Abteilung VII/1 Berlin, den 22.2.1957

Bericht über Anwerbung

Vom 2o.2. - 21.2.57 wurde mit der KP ..Ruth Endmann in der KW ..Frieda...... ein Treff durchgeführt.
Die ...Endmann...... wurde dem MfS brieflich durch den bereits als GM geworbenen „Fritz Würfel“.... bekannt.
Die Zuführung der .Endmann..... geschah dementsprechend durch ..„Würfel“.....
Sie berichtete während des Treffs über die vom GM .Würfel.. geleistete Arbeit und unterbreitete dem MfS selbst einen Vorschlag, wie sie gemeinsam mit ....„Würfel“...... die inoffizielle Mitarbeit durchführen kann.
Während des Gesprächs am ersten Abend erklärte sich die .Endmann..... bereit, für die Organe des MfS tätig zu werden und Objekte des reaktionären Bonner Staatsapparates aufzuklären. Sie war einverstanden, in Richtung Bundespolizei ihre Mitarbeit durchzuführen und nannte selbst zwei konkrete Verbindungen zu Bundespolizisten.
Die schriftliche Verpflichtung zur Mitarbeit schrieb die ..Endmann..... nach Diktat. Sie wählte sich den Decknamen " Inge Schneider " für unsere künftige Zusammenarbeit.
Gleichfalls erhielt sie die Telefonnummer 63 67 92 und die Deckadresse Gustav Theurer...... Berlin C 2 Memhardtstr. 17.
Mit der Verpflichtung wurde ihr der Auftrag für ihre Arbeit diktiert, welcher alle Einzelheiten für ihre zukünftige Arbeit enthält. Es konnte festgestellt werden, dass sich .Ruth End-..mann..... aus Überzeugung zur Mitarbeit verpflichtete, da sie wirtschaftlich in schlechten Verhältnissen lebt. Gleichzeitig mag auch teilweise die Geldfrage bei ihr eine Rolle gespielt haben.
Die Verpflichtung un d der Auftrag wurde zu den Akten genommen.

Gesehen:

(Szinda) (Lath)
Oberst Ltn.

Ruth Endmanns handschriftliche Verpflichtungserklärung

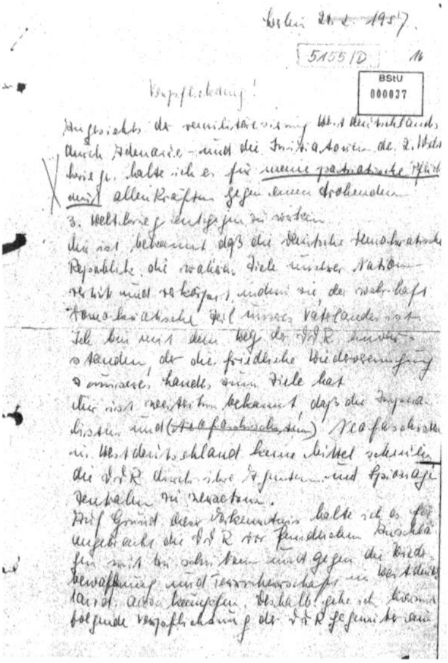

Berlin [illegible] 1957

5155/D 16

BStU 000037

Verpflichtung!

Angesichts der Remilitarisierung Westdeutschlands durch Adenauer und die Initiatoren des 2. Weltkrieges halte ich es für meine patriotische Pflicht mit allen Kräften gegen einen drohenden 3. Weltkrieg entgegen zu wirken.

Mir ist bekannt daß die Deutsche Demokratische Republik die wahren Ziele unserer Nation vertritt und verkörpert, indem sie der wahrhaft demokratische Teil unseres Vaterlandes ist.

Ich bin mit dem Weg der DDR einverstanden, der die friedliche Wiedervereinigung Deutschlands zum Ziele hat.

Mir ist weiterhin bekannt, daß die Imperialisten und ~~[illegible]~~ Waffenschieber in Westdeutschland keine Mittel scheuen die DDR durch ihre Agenten und Spionage Zentralen zu zersetzen.

Auf Grund dieser Erkenntnis halte ich es für angebracht die DDR vor feindlichen Anschlägen mit zu schützen und gegen die Wiederbewaffnung und Terrorherrschaft in Westdeutschland anzukämpfen. Deshalb gebe ich hiermit folgende Verpflichtung der DDR gegenüber ab.

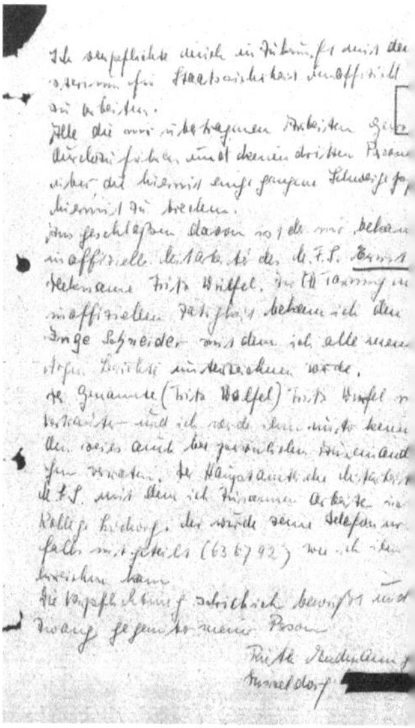

Ich verpflichte mich in Zukunft mit den Organen für Staatssicherheit inoffiziell zu arbeiten.

Alle die mir übertragenen Arbeiten [illegible] durchzuführen und keiner dritten Person über die hiermit eingegangene Schweigepflicht [illegible] zu brechen.

[illegible] davon ist der mir bekannte inoffizielle Mitarbeiter des M.f.S. [illegible] Deckname Fritz Wölfel. Zur Tarnung meiner inoffiziellen Tätigkeit bekam ich den Decknamen Inge Schneider mit dem ich alle meine Berichte unterzeichnen werde.

Der Genannte (Fritz Wolfel) Fritz Wölfel [illegible]

[illegible]

Der Hauptamtliche Mitarbeiter des M.f.S. mit dem ich zusammen arbeite ist Kollege [illegible]. Der [illegible] seine Telefon[illegible] mitgeteilt (636792) wo ich ihn erreichen kann.

Die Verpflichtung schrieb ich bewußt und ohne Zwang gegenüber meiner Person.

Ruth Endmann

[illegible]dorf

Endmann muss sich außerdem Codewörter für ein Telefonat mit ihren Führungsoffizieren einprägen – falls ihre Festnahme oder Enttarnung droht.

Dann darf sie sich einen Decknamen aussuchen, auf den auch ein bundesdeutscher Pass und ein Personalausweis ausgestellt werden. Sie entscheidet sich für Inge Schneider. Inge und Schneider, ganz einfach zu merken. Später wird sie die übliche Ausbildung durchlaufen: wie man den Agentenfunk abhört und Zahlenreihen entschlüsselt. Wie man mit einer »Mikratkamera« Dokumente fotografiert. Wie man »tote Briefkästen« anlegt und leert. Wie man mit unsichtbarer Tinte schreibt. Wie man eine Handtasche so präpariert, dass zumindest bei oberflächlicher Durchsuchung nichts gefunden wird. Ein Losungswort wird vereinbart, wenn sie sich in Ost-Berlin mit einem Stasi-Offizier trifft. »Entschuldigen Sie bitte, wie komme ich zur Luise-Emma-Straße?« – »Ich habe den gleichen Weg und bringe Sie hin!«

»STANDORTE GEHEIMER WAFFENLAGER«

Fast zwei Jahre dauerte es, bis die erste wichtige Order aus Ost-Berlin kam. Sie solle sich als Fernschreiberin in der Düsseldorfer Reitzenstein-Kaserne bewerben. Hier war auch eine Dependance des Militärischen Abschirmdienstes (MAD) untergebracht. Ruth Endmann hatte Glück: Am 1. Juni 1960 wurde sie eingestellt. Schnell gelang es ihr, »wertvolle Informationen über die Dienststelle (...) und wichtige Anweisungen des Bundesverteidigungsministeriums auf Originalfernschreiben zu übergeben«, heißt es in einer Stasi-Notiz. Sie seien »zur Auswertung« an die HVA weitergereicht worden, die für die Auslandsspionage der DDR zuständig war. Deren Chef: Markus Wolf.

Was Ruth Endmann alias Inge Schneider lieferte, hat die Stasi in einem Vermerk zusammengefasst: etwa Meldungen über »Sabotagefälle in der Bundeswehr« oder »Standorte geheimer Waffenlager« oder »Maßnahmen zur Kriegsbevorratung« oder »Einzelheiten zum Alarmsystem«.

Die Führungsoffiziere erkannten schnell, dass ihre Inge Schneider ein wirkliches Talent war, und regten an, sie solle versuchen, im Landesamt für Verfassungsschutz (LfV) Arbeit zu finden, ebenfalls als Fernschreiberin. Der Vorteil: eine höhere Gehaltsstufe und, anders als bei der Bundeswehr, kein Nachtdienst. Mittlerweile hatte sie ihren Lebensgefährten geheiratet und hieß jetzt Wiegand.

Tatsächlich schien es, als würde sie den LfV-Job auch bekommen, und Mitarbeiter der Stasi schrieben bereits an einer Art Wunschzettel. Inge Schneider könne »nach entsprechender Einarbeitung und Verschaffung des nötigen Überblicks« berichten »über Arbeitsmethoden (...) zur Bekämpfung der KPD (...) sowie zur Isolierung linker SPD-Mitglieder und anderer fortschrittlicher Kräfte«. Und, was wohl für das MfS viel wichtiger war: über die »Zusammenarbeit zwischen LfV, Politischer Polizei, MAD, BND und den ausländischen Geheimdiensten«.

Der Einstellungstermin war schon fixiert – 2. Januar 1964. Aus welchen Gründen es dann doch nicht klappte, liegt im Dunklen. Stattdessen heuerte sie als Fernschreiberin im Düsseldorfer Regierungspräsidium an, bei deren Polizeileitstelle »Martha« interessante Nachrichten eingingen. Im Urteil wird später eher Lapidares über diese Zeit stehen: »Die Angeklagte informierte (...) über ihr aus Fernschreiben (...) bekannt gewordene Maßnahmen in Verfahren wegen des Verdachts der Spionage und der Begehung von Straftaten gegen die öffentliche Ordnung. Wenn sich ihr die Gelegenheit bot, nahm sie Durchschriften der Fernschreiben (...) mit nach Hause.«

INFORMATIONEN ÜBER DIE RAF

Der Job bei der Bundeswehr. Der Versuch, beim Verfassungsschutz unterzukommen. Die Tätigkeit im Regierungspräsidium – die »Etappen über verschiedene Basisobjekte« hinweg, so ein Vermerk der für sie zuständigen MfS-Hauptabteilung II, dienten nur einem Ziel: Inge Schneider als Fernschreiberin beim Landeskriminalamt einzuschleusen. Und das klappte auch.

Am 4. Januar 1971 trat sie dort ihren Dienst an. Bald schon durfte sie Fernschreiben entgegennehmen und weiterleiten, die als »Verschlusssache-Nur für den Dienstgebrauch« (Behördenkürzel: VS-NfD) gezeichnet waren. Nach »Streng geheim« und »Geheim« immerhin die dritthöchste Stufe aller amtlichen Sekreturen.

In den ersten fünf Jahren konnte sie 3281 Dokumente »aus dem Lager des Feindes« beschaffen, protokollierte die Stasi – und lobte, die »übergebenen Informationen« hätten »wesentlich« dazu beigetragen, »die Absichten, Maßnahmen und Methoden des Feindes gegen das MfS und die sozialistischen Bruderorgane, speziell das inoffizielle Netz im Operationsgebiet, zu erkennen und zu bekämpfen«.

Dann, im Sommer 1976, eine kurze Zäsur: Sie wolle die Scheidung, weil ihre Ehe zerrüttet sei, meldet sie nach Ost-Berlin. Ihr Mann und Mentor wird sehr krank – und nimmt sich im August das Leben. Sie fällt zwei Wochen lang aus, meldet sich dann wieder »arbeitsfähig« und liefert weiter.

Zum Beispiel Unterlagen über den 1979 zum BND übergelaufenen Stasi-Oberleutnant Werner Stiller, auf den angeblich ein geheimes Fahndungskommando des MfS angesetzt war. Stiller hatte zuvor Stasi-Agenten bei Siemens und im Kernforschungszentrum Karlsruhe geführt. Oder vertrauliche Hinweise, dass die RAF einen Anschlag auf den CDU-Vorsitzenden Helmut Kohl und Bundesinnenminister Gerhart Baum plane. Wenn es wegen etwaiger Kontrollen an der LKA-Pforte zu gefährlich war, Kopien von Original-Fernschreiben in der Handtasche mitzunehmen, fertigte Inge Schneider Gedächtnisprotokolle an, die sie in ihrer Unterwäsche versteckte. Aufgrund ihrer Informationen wurden in der DDR immerhin elf Ermittlungsverfahren gegen vermeintliche West-Spione eingeleitet.

Im Juli 1985 ging Inge Schneider, die längst Schichtführerin war, in Rente, doch schöpfte sie, etwa bei Seniorentreffs im LKA, weiterhin ihre Kolleginnen und Kollegen ab, die großes Vertrauen zu ihr hatten. Ende 1988 kassierte sie nach einem Treffen in Ost-Berlin – es war das 49. seit dem Tag ihrer Verpflichtung im Februar 1957 – das letzte Geld von der Stasi: 4800 DM für die Monate Januar, Februar, März und April. »Unser Rentenanteil«, sagte ihr letzter Führungsoffizier.

Die Stasi hatte Ruth Wiegands Arbeit immer sehr gut bezahlt – am Ende sollten es fast 850.000 DM sein. Eine wirklich enorme Summe. Auf nur 50.000 DM kam eine Sekretärin im Auswärtigen Amt, die immerhin 13 Jahre lang spionierte. Ein Oberstleutnant der Bundeswehr, 18 Jahre lang Agent, bezog eine halbe Million. Selbst der höchst erfolgreiche Nato-Spion Rainer Rupp (Deckname »Topas«) lag unter dem Honorar der Düsseldorfer Kollegin. Viel Geld für Inge Schneider. Die Finanzverantwortlichen der Hauptabteilung II mussten deshalb bei der Planung ihrer Jahresbudgets die Kosten für sie stets im Auge haben.

HINWEIS VON EINEM ÜBERLÄUFER

Ein Jahr später fällt die Mauer. Jetzt laufen bei der Stasi die Reißwölfe heiß: Aktenvernichtung, zum Schutz der eigenen Leute sowie deren Helfer und Nachrichtenlieferanten im »Operationsgebiet«. Doch Hunderttausende Seiten Papier bleiben erhalten – auch alles, was über Inge Schneider je gesammelt wurde.

MfS-Offiziere laufen zum »Klassenfeind« über, um mit Informationen Geld zu verdienen oder bei einem möglichen Strafverfahren den »Kronzeugen« zu geben, der auf Milde hoffen darf. Der erste Hinweis auf Inge Schneider stammt ganz offenbar von einem dieser Überläufer.

Im Herbst 1991 leitet die Bundesanwaltschaft in Karlsruhe gegen Ruth Wiegand ein Ermittlungsverfahren wegen Spionage ein, Aktenzeichen: 3 BJs 815/91-4. Bald schon gibt sie es an die Generalstaatsanwaltschaft in Düsseldorf ab. Weil die Karlsruher Agentenjäger erstens sehr beschäftigt sind und zweitens die Vorwürfe gegen sie als eher »minderschwer« einschätzen, reichen sie den Fall eine Stufe weiter nach unten. Und die Kollegen in Düsseldorf stutzen ihn zusammen: Gegenstand der Anklage wegen geheimdienstlicher Agententätigkeit ist lediglich Inge Schnei-

Für Begnadigung zuständig: NRW-Ministerpräsident Johannes Rau

NRW-Justizminister Fritz Behrens vor seinem Amtssitz in Düsseldorf, 1995

ders Spionage ab dem Jahr 1971 – als sie ihren Dienst im LKA antrat. Auf diese Weise schrumpft auch die strafrechtlich relevante Summe der kassierten Stasi-Gelder erheblich zusammen: auf etwa 320.000 DM, und damit weniger als die Hälfte dessen, was sie insgesamt erhielt.

Die Hauptverhandlung vor dem Strafsenat 4a begann am 9. Dezember 1993. Nach fünf Verhandlungstagen wird am 6. Januar 1994 im Saal A 01 das Urteil verkündet: drei Jahre Haft. Sie habe »von Januar 1971 bis Ende des Jahres 1988 bewusst und gewollt für den Geheimdienst einer fremden Macht (...) eine geheimdienstliche Tätigkeit gegen die Bundesrepublik Deutschland ausgeübt«, so das Gericht. Der Strafsenat beschließt, in »Übereinstimmung mit der Generalstaatsanwaltschaft« auf die »Anordnung des Verfalls der durch die Agententätigkeit erlangten Geldbeträge« zu verzichten. Zur Begründung heißt es, sie habe »das Geld zur Tilgung von Schulden und für den persönlichen Lebensbedarf verwendet«. Das ist nobel. Und ein großes Entgegenkommen.

Nur drei Jahre Haft, keine Rückzahlung. Sowohl ein Ex-Bundesanwalt als auch ein Ex-Richter des Strafsenats sagen heute, dies habe durchaus »im Rahmen« der damaligen Rechtsprechung gelegen. Ruth Wiegand, vorerst auf freiem Fuß, legte dennoch Revision gegen das Urteil ein, die vom Bundesgerichtshof im August 1994 als »unbegründet« abgeschmettert wurde. Im November trat sie ihre Strafe an.

Bald schon reichte sie ein Gnadengesuch ein und entschuldigte sich, ihre »beruflichen Pflichten verletzt« zu haben. Im Mai 1996 schrieb sie an den nordrhein-westfälischen Ministerpräsidenten Johannes Rau, sie sei sehr krank, »verzweifelt und traurig«, und bitte eindringlich, ihr doch »die Gnade zu erweisen. Ich werde sie nicht enttäuschen«.

Rau entschied, ihr die Hälfte der Strafe zu erlassen. Am 1. Juli 1996 ordnete Justizminister Fritz Behrens an, den Rest der Strafe zur Bewährung auszusetzen, Dauer: zwei Jahre. In einem internen Vermerk des Ministeriums heißt es mitfühlend: »Sie sollte ihren 73. Geburtstag bei ihrer Familie feiern dürfen.«

Diese amtliche Anteilnahme ist äußerst bemerkenswert angesichts des massiven, jahrzehntelangen Loyalitätsbruchs gegenüber dem Bundesland, ihrem Arbeitgeber. Offen bleibt überdies, warum der Prozess in völliger Stille ablief. Vielleicht war es nur Zufall. Vielleicht gab es im Vorfeld, etwa über ihren Verteidiger, diskrete Hinweise der Angeklagten, die unter der Decke bleiben sollten.

Ruth Wiegand wanderte im Jahre 2004 in die Slowakei aus. Über ihr weiteres Schicksal ist nichts bekannt.

DB
Düsseldorf
Wehrhahn
S

MOTIV FREMDENHASS?

EIN MARTIALISCHER ANSCHLAG AUF ZUWANDERER BLEIBT UNGESÜHNT

27. JULI 2000

Die S-Bahn-Station Wehrhahn am Rande des Stadtteils Flingern, nur ein paar hundert Meter vom Hauptbahnhof entfernt. Donnerstag, der 27. Juli 2000. Kein Sommerwetter, es regnet. Wer von der Ackerstraße hinunter zum Gleis will, muss erst durch einen tunnelartigen Eingang, um auf eine Art Fußgängerbrücke mit Geländer zu gelangen.

Gegen 15 Uhr nähert sich eine Gruppe der Station, zwölf Schülerinnen und Schüler einer nahe gelegenen Sprachschule, der älteste ist 51. Einige von ihnen sind Russlanddeutsche, andere jüdische Zuwanderer aus der früheren Sowjetunion, der Ukraine, Kasachstan, Aserbaidschan. Einige lernen schon seit Monaten Deutsch, andere erst seit ein paar Tagen.

Kaum hat die Gruppe den Eingang passiert, detoniert ein Sprengsatz mit gewaltiger Kraft. Es ist eine Rohrbombe, die in einer weißen Plastiktüte versteckt am Geländer hing. Die Druckwelle ist so heftig, dass sie noch Hunderte Meter entfernt zu spüren ist. Metallsplitter treffen zehn Menschen und verletzen einige von ihnen lebensgefährlich. Der Kauffrau Ekaterina P. zerreißen sie die Hauptschlagader im rechten Bein, dem Elektronikingenieur Boris V. den Darm. Die schwangere Tatjana S. verliert ihr Kind, weil sich ein Metallteil in ihren Unterleib bohrt.

STRAFF ORGANISIERTE RECHTE SZENE

Der martialische Anschlag ruft sofort die Politik auf den Plan – und die weist schnell in eine Richtung: Bundesinnenminister Otto Schily (SPD) gibt zu Protokoll, es bestehe der »Verdacht eines fremdenfeindlichen Hintergrunds«. Sein Kabinettskollege, Außenminister Joschka Fischer von den Grünen, erklärt, »Ausländerhass« sei der »wahrscheinlichste Hintergrund«. Nordrhein-Westfalens sozialdemokratischer Innenminister Fritz Behrens ruft zu einer »Wehrübung der aufrechten Demokraten« auf. Und Ministerpräsident Wolfgang Clement verspricht, »keine Ruhe zu geben, bis wir die Urheber dieses gemeinen Verbrechens dingfest gemacht haben«.

Die Düsseldorfer Kripo installiert die Sonderkommission »Acker«, die anfangs 80 Beamte umfasst. Sie rätseln über Urheber und Motiv des Anschlags – anders als schnell, manchmal vorschnell reagierende Politiker. »In den Täter«, sagt Ende 2000 der Kommissionsleiter Dietmar Wixfort, »können wir uns nicht hineindenken.«

Ein Verrückter, der einfach wahllos morden wollte? Drogendealer, die an diesem in der Szene bekannten Umschlagplatz lästige Konkurrenten loswerden wollten? Russische Profigangster, denen einer der Übersiedler vielleicht Geld schuldete? Eine Beziehungstat? Araber aus Hass auf Juden? Oder doch Rechtsradikale? Ausländerfeinde? Rassisten? Was fehlte, war ein Bekennerschreiben, im Polizeijargon »Tatbekenntnis« genannt.

Klar war, dass es am Rhein eine gut und straff organisierte rechte Szene gab. Die »Kameradschaft Düsseldorf« zum Beispiel, der sich ehemalige Mitglieder der »Nationalistischen Front« oder der »Jungen Nationaldemokraten«, des NPD-Nachwuchses, angeschlossen hatten. Nach Einschätzung des antifaschistischen Magazins *Der Rechte Rand* war Düsseldorf Ende der 1990er-Jahre »eine Hochburg des Neonazismus«, mit »einer gefestigten Struktur, die in ein bundesweites Netzwerk eingebunden« war.

Erst Anfang Juli hatten Mitglieder einer rechten Rockband in einer S-Bahn-Station ganz in der Nähe zwei Migranten aus

Rettungskräfte versorgen kurz nach dem Anschlag Verletzte am Eingang zur S-Bahn-Station

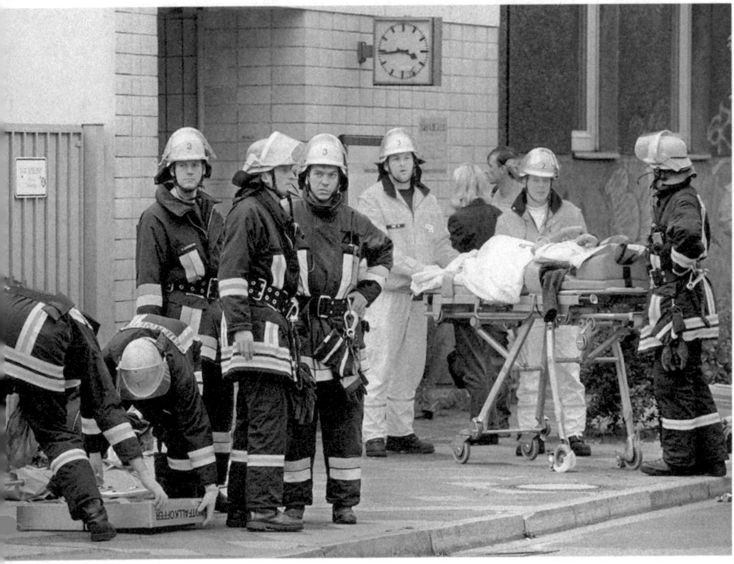

Die S-Bahn-Station Wehrhahn am Tag nach dem Anschlag

27. Juli 2000

Griechenland und Afghanistan attackiert. Ein Gesinnungsgenosse soll herumerzählt haben, in Flingern, dem multikulturell geprägten Viertel, müsse »man mal was hochgehen lassen«. Und im Herbst 1999 hatten sich vor der Sprachschule morgens regelmäßig zwei Neonazis in schwarzen Mänteln postiert, die damit wohl signalisieren wollten: Achtung, wir haben euch im Blick! Nach zwei Wochen Drohkulisse reagierten etliche Schüler darauf: Sie stellten sich mit verschränkten Armen an den Fenstern auf und schauten die beiden Typen unentwegt an, bis diese abrückten. Sie sollen in einem nahe gelegenen Militaria-Laden verschwunden sein. Inhaber des Ladens »Survival Security & Outdoor«: Ralf S., Ex-Bundeswehrsoldat und früher, mit Elvis-Tolle, Vorsitzender des Düsseldorfer »Manta«-Clubs. Anwohner fürchteten den Waffennarren und bezeichneten ihn als »Sheriff von Flingern«, weil er mit seinem Rottweiler namens »Spike«, abgerichtet auf das Kommando »Asylant!«, oft durchs Viertel patrouillierte. Auch in kampfanzugähnlicher Montur.

DER SPLINT EINER HANDGRANATE

Bereits am 27. Juli 2000 gingen bei der Polizei zuhauf Hinweise ein, Ralf S. könnte der Täter gewesen sein. Eine ältere Dame gab an, sie habe »gegen 15 Uhr« am Fenster ihrer Wohnung im vierten Stock gestanden, als es ohrenbetäubend geknallt und sie die Druckwelle »gespürt« habe. Auf einem Stromkasten unter ihr auf der Gerresheimer Straße habe ein Mann mit dunkelrotem Käppi gesessen. Der habe in Richtung S-Bahn-Station geschaut, sei nach der Explosion vom Stromkasten gestiegen und »seelenruhig« weggegangen. Ohne Anstalten zu machen, helfen zu wollen. Ein Profi-Zeichner fertigte später nach ihren Angaben ein Phantombild. Als eine Bekannte des Militaria-Händlers die Skizze sah, rief sie spontan: »Das ist ja der Ralf!«

Am 29. Juli wurde dessen Wohnung überprüft – ohne Ergebnis. »Das war eher ein oberflächlicher Stubendurchgang, keine richtige Durchsuchung«, räumte Chefermittler Wixfort Jahre später ein. Eine zweite Überprüfung am 2. August brachte hingegen Ergebnisse. Beamte entdeckten nicht nur eine Anleitung für die Konstruktion eines Fernzünders, sondern auch eine Bundeswehr-Nebelhandgranate vom Typ DM 25 und eine Panzerfaustgranate (DM 18), die bei Übungen eingesetzt werden. Auf dem Toilettenboden lag der Splint einer Handgranate.

Nach wenigen Tagen hatten die Fahnder bereits 140 Spurenakten angelegt. Und die Hinweise häuften sich in den kommenden Monaten. Ein Paderborner Richter meldete, er verhandele gegen einen jungen Russlanddeutschen, der den Freund seiner ehemaligen Lebensgefährtin habe umbringen wollen – mit einer Handgranate. Doch die Spur Nummer 229 war schnell wieder kalt: kein Tatverdacht. In Duisburg stand ein Paar vor Gericht, das sogenannte Kontingentflüchtlinge mit gefälschten Dokumenten ins Land geschmuggelt hatte, gegen hohes Honorar. Ergebnis der Überprüfung: »Keines der Opfer der Düsseldorfer Tat ist als geschleuste Person in Erscheinung getreten.« Dann dieser Hinweis: Am 25. Januar 2001 hatte sich in der Scheurenstraße nahe der Kö ein 35-Jähriger mit einer auf die Brust gelegten Mini-Bombe den Kopf weggesprengt. Am Tag des Wehrhahn-Anschlags soll er sich »bis ca. 13 Uhr« (Polizeiprotokoll) in direkter Nähe der S-Bahn-Station aufgehalten haben. Auch diese Spur des Todes endete als tote Spur.

Ein Jahr nach der Tat bestand die Soko »Acker« nur noch aus zwei Beamten. Das Verfahren gegen Ralf S., der anfangs vorübergehend in Polizeigewahrsam saß, war längst eingestellt. In einer »Sachstandseinschätzung« der Düsseldorfer Staatsanwaltschaft hieß es, »seitens der Polizei« sei »keine der drei Haupttheorien (1. rechte Gewalt, 2. verrückter Einzeltäter, 3. osteuropäische Organisierte Kriminalität)« auszuschließen. »Zu allen drei Theorien« würden »Ermittlungsansätze (…) mit gleicher Intensität geprüft«. Ein politisch motivierter Anschlag etwa durch Neonazis sei allerdings »eher unwahrscheinlich«, da »zahllose Vernehmungen von Aussteigern aus der rechten Szene« und »bundesweite TÜ-Maßnahmen«, also das Abhören und Mitschneiden von Telefonaten

Ein Sprengstoffexperte in Schutzkleidung untersucht Müll nach explosivem Material

Polizeibeamte bei der Spurensicherung auf dem Bahnhofsgelände

potenziell Verdächtiger, »ohne Hinweise auf eine Täterschaft Rechtsgesinnter« geblieben seien. Auch gebe es kein Tatbekenntnis, das mit einem neonazistischen Anschlag »zwangsläufig« verbunden sei. Ralf S. habe ein Alibi und eine Entlastungszeugin aufbieten können. Zwar bleibe er »als in Tatortnähe wohnende Person mit nationalistischer Haltung und einem ausgeprägten Hang zu Waffen tatverdächtig« – »objektivierbare Anhaltspunkte für eine Beteiligung an der Straftat« hätten sich aber »nicht ergeben, offene Spuren liegen gegenwärtig nicht mehr vor«.

EIN SPITZEL MIT DECKNAMEN »APOLLO«

Juni 2004. Bei den Wehrhahn-Ermittlern meldet sich ein Kollege vom Landeskriminalamt, das nur ein paar Gehminuten vom Polizeipräsidium entfernt liegt. Ein bislang als recht zuverlässig geltender V-Mann habe berichtet, dass ein bekannter Düsseldorfer Neonazi – Spitzname: »Gonzo« – in der Szene über den Anschlag geplappert habe. Er habe sinngemäß gesagt, »Rechte aus dem Osten« seien die Täter gewesen, Düsseldorfer Gesinnungsgenossen hätten das Terrain um die S-Bahn-Station herum »gesichert«, um denen dann einen »geordneten Rückzug« zu ermöglichen. Interessant daran war, dass »Gonzo« mal für Ralf S. gearbeitet hatte – und bereits von Beamten der Soko »Acker« als Zeuge vernommen worden war. Was die Polizei nicht wusste: »Gonzo« hatte sich während seiner Bundeswehrzeit als Informant beim Militärischen Abschirmdienst verdingt und nach seiner Entlassung beim nordrhein-westfälischen Verfassungsschutz. Deckname: »Apollo«.

Ein Spitzel belastete also einen anderen Spitzel. Für die Polizisten, die rechtlich gesehen anderen Regeln unterliegen als Nachrichtendienstler, eine überaus missliche Situation. Deshalb hätten sie die »einfachste Lösung« gewählt, schrieb die Tageszeitung *Die Welt,* und »beschlossen, die Aussage des Polizeispitzels hinzunehmen und den V-Mann des Verfassungsschutzes unbehelligt zu lassen. Damit ließen sie jedoch automatisch auch von Ralf S. und seinem Umfeld ab«.

Im April 2009 legte die Staatsanwaltschaft das Wehrhahn-Ermittlungsverfahren erst einmal ad acta, »vorläufig«.

»DIE KANAKEN WEGGESPRENGT«

In den folgenden Jahren präsentierte sich Ralf S. – er hatte nach dem Anschlag eine Zeitlang im sächsischen Zwickau gelebt – auf seiner Facebook-Seite als »Sicherheitsberater« und Experte für Waffen, Selbstverteidigung, alles Militärische. Bot Kurse an für künftige Personenschützer und Privatdetektive und Expertise, wie Firmen vor Einbrechern und Schiffe vor Piratenüberfällen geschützt werden können. Viel Geld brachte ihm all dies nicht ein, ganz im Gegenteil. Weil der mehrfach vorbestrafte Ralf S. Rechnungen in Höhe von etwa 2.000 Euro nicht begleichen konnte, landete er im Sommer 2014 kurzzeitig im Gefängnis von Castrop-Rauxel.

Hier soll Ralf S. einem Mitgefangenen erzählt haben, er habe »an einem Bahnhof (...) mit Sprengstoff die Kanaken weggesprengt«, die seien danach »nicht mehr wiedergekommen«, er und seine »Kameraden« hätten nun Ruhe gehabt. Der Gesprächspartner war, wie S., ein Ex-Soldat der Bundeswehr und durchaus kundig, wenn es um Sprengstoffe ging. Wie er es denn gemacht habe, will der Knastkumpel gefragt haben. Die angebliche Antwort: »Fernzündung«.

Sofort informierte der Häftling eine Gefängnisbeamtin. Die recherchierte im Internet und berichtete ihm, es habe im Juli 2000 tatsächlich einen Anschlag gegeben, der zu dieser Schilderung passe. Wenig später wussten Polizei und Staatsanwaltschaft Bescheid. Und sofort wurden die Ermittlungen gegen Ralf S. wieder aufgenommen. Als Nachfolgerin von »Acker« bekam die neue Soko den sinnfälligen Namen »Furche«. Telefonüberwachungen wurden geschaltet, drei Jahre lang. Genauso lang steckte im Auto des Verdächtigen eine Wanze.

Im LKA kümmerte sich nun eine Sondertruppe um den Fall – Profiler des Referats »Operative Fallanalyse«, kurz OFA genannt. Spezialisten, die eingesetzt werden, um bei ungeklärten Verbre-

Kriminalbeamte suchen mit einem Detektor nach Partikeln, die Aufschluss über den Zünder der Bombe geben können

Erfahrener Ankläger: Oberstaatsanwalt Ralf Herrenbrück

chen neue Ermittlungsansätze zu finden. Die bereits gewonnene, alte Erkenntnisse einer neuerlichen Bewertung unterziehen und Hypothesen aufstellen, wie es wirklich gewesen sein könnte. Ein kriminalistisches Instrument »mit starker systematisch-analytischer Ausrichtung«, wie ein Experte sagt.

Die OFA-Experten entwarfen ein Raster von Kriterien, die für Ralf S. als Täter sprechen könnten. Der zuständige Oberstaatsanwalt Ralf Herrenbrück, ein hoch erfahrener Ankläger, konstatierte, S. erfülle »nicht nur alle hochindividuellen Anforderungen aus dem OFA-Bericht« – er habe sie »in mehreren Punkten übererfüllt«.

Jetzt wurde auch die Militärzeit von Ralf S. genauer hinterfragt. Vier Jahre hatte er gedient, eigentlich wollte er Berufssoldat werden. Das klappte nicht. Zeitweise hatte er offenbar an einem Lehrgang teilgenommen, auf dem nach geeigneten Einzelkämpfern gesucht wurde. Als Zeuge im Ermittlungsverfahren erklärte einer seiner Vorgesetzten, Ralf S. habe gelernt, mit Sprengstoffen umzugehen. Und gewusst, wie sie gut versteckt werden könnten. In Astgabeln etwa. Oder in Coca-Cola-Flaschen. Andere Techniken der »Verdeckung« seien keine Ausbildungsthemen gewesen. S. sei »im Erstellen und Anbringen von Sprengfallen ausgezeichnet ausgebildet« gewesen.

250 GRAMM TNT

Noch war die Beweisdecke zu dünn, um Anklage erheben zu können. Damals, direkt nach dem Anschlag, waren Erdreich und Strauchwerk aus der unmittelbaren Umgebung des Tatorts in 60 Mülltonnen mit jeweils 240 Litern Fassungsvermögen abtransportiert und in einer Polizeikaserne gelagert worden – zwecks Spurensuche. Und die wurde noch mal intensiviert.

Der erste Befund hatte gelautet, der Sprengsatz sei wohl eine Handgranate »älteren Modells« gewesen, »verwandt in den Jahren 1914 – 1945«. Solche Eierhandgranaten aus Gusseisen mit Waffelmuster (»Mills Bomb«) waren, entkernt, als Sammlerstück für jeden zu kaufen, etwa im Militaria-Handel.

Mehr als ein Jahrzehnt später sorgte die Analyse weiterer Partikel im Tatortmüll dann für eine Korrektur. Militärtechniker stellten fest, dass der Sprengsatz auch »ein zylindrischer Körper« gewesen sein könnte. In der »Gesamtschau aller Teilergebnisse« erscheine es »wahrscheinlich«, dass die Bombe »nicht industriell gefertigt«, sondern »zusammengebaut« worden sei. Der Konstrukteur müsse ein »großes Knowhow« haben. Und die Spezialisten fanden heraus, dass als Sprengstoff etwa 250 Gramm TNT benutzt worden sei, in ganz geringem Maße »verunreinigt«, vielleicht durch zu lange Lagerung. Hätte das TNT die volle Sprengkraft entwickelt, dann wären »alle im Radius von zehn Metern befindlichen« Personen »durch die Splitterwirkung zu Tode gekommen«.

Am Ende der Ermittlungen, im Januar 2017, sagte ein Kriminaldirektor auf einer Pressekonferenz: »Jede Akte und jede Spur, jedes einzelne Indiz und jeder Beweis wurden neu durchleuchtet. Und alle verfügbaren Zeugen wurden noch einmal intensiv befragt. Das Gesamtbild belastete den Beschuldigten schwer.« Herrenbrück fügte bei dieser Gelegenheit an, wenn es in einem Strafverfahren um Indizien gehe, komme es nicht auf deren Menge an – sondern »auf einen undurchdringlichen Zusammenhang zwischen diesen«.

Die intensiven Abhörmaßnahmen hatten aus Sicht des Staatsanwalts Indizien zuhauf erbracht. Am Telefon schimpfte Ralf S. über »Ausländer, Schwule, Juden und Junkies« und sprach davon, dass es nur eine »bevorrechtigte Rasse« gebe: »die deutsche«. Mehrfach erklärte S. gegenüber Gesprächspartnern, er habe gelernt, mit Bomben und Sprengstoff umzugehen. O-Ton: »Ich bin der Einzige, der hier wohnt und die Ausbildung hat.« Er imitierte bei Gesprächen ab und an den markanten Tonfall Hitlers, einmal zitierte er dessen zeitweiligen Stellvertreter Rudolf Heß.

Und als Ralf S. im Jahr 2016 mit seiner damaligen Freundin über das Leben an sich und über Glücksfälle philosophierte, kam er erst auf drei – die Zahl seiner Kinder. Dann, nach ganz kurzer Überlegung: »Vier, wenn man die Wehrhahnsache noch hinzunehme.« Die Wehrhahnsache. Der Anschlag.

Nachbau der beim Anschlag verwendeten Rohrbombe

Der Angeklagte und seine Anwälte im Prozess, 31. Juli 2018

WIE EIN ROCK'N'ROLLER

Am 31. Januar 2017 verhaftet ein SEK-Kommando Ralf S. in Ratingen. Im Dezember erhebt Oberstaatsanwalt Herrenbrück Anklage – wegen Mordversuchs in zwölf Fällen. S. habe die Tat »minutiös« geplant und schon »im Vorfeld« falsche Fährten gelegt und Alibis konstruiert. Um die Bombe in Ruhe bauen zu können, habe er extra eine »konspirative« Wohnung angemietet, die er einen Tag nach dem Anschlag wieder gekündigt habe. Sein Motiv: Rassismus, Fremdenfeindlichkeit »mit tief verwurzelter Aggressivität«, heißt es in der Anklageschrift. Was der Ankläger nicht bieten kann, sind die klassischen Beweismittel: Fingerabdrücke zum Beispiel oder DNA-Spuren. Oder ein Geständnis.

Der Prozess gegen Ralf S. beginnt am 25. Januar 2018, anberaumt sind 37 Verhandlungstage. Ein *Spiegel*-Reporter schreibt: »Der Mann, den die Polizei fast 18 Jahre jagte, ist von kleiner Statur. Ralf S. trägt eine eckige, schwarz umrandete Brille, die Oberarme hat er mit Tattoos dekoriert. Seine angegrauten Haare sind kurz, er sieht aus wie ein Rock'n'Roller. Als der 51-Jährige in den Saal des Düsseldorfer Landgerichts gebracht wird, hält er sich einen Aktenordner vors Gesicht. Scheu allerdings, wie sich schnell herausstellt, ist er nicht.«

Als der Vorsitzende Richter Rainer Drees ihn fragt, ob er der Täter sei, kommt die knappe Antwort: »Nein, negativ.« Ob er denn wisse, wer dann dahinter stecke. »Selbe Antwort: nein!« Schweigen, das kommt für ihn nicht infrage, weil er »den Scheiß endlich loswerden« wolle. Immer wieder habe er versucht, Jobs zu bekommen: als Hundepsychologe, Milchlieferant für Kindergärten, Fahrsicherheitstrainer. Interessenten hätten dann seinen Namen gegoogelt, Ergebnis: »Den Nazi will keiner.«

Einmal sagt S., er sitze »hier wegen Wichtigtuerei«. Nur geprahlt zu haben – das ist seine Verteidigungsstrategie. Auf diese Weise versucht er, die eigenen Worte und Sätze am Telefon wertlos zu machen. Und wenn er mit einer anderslautenden Aussage im Ermittlungsverfahren konfrontiert wird, weist er auf den

In der S-Bahn-Station erinnert ein Plakat an den Anschlag, 2018

»immensen Druck« hin, dem er ausgesetzt gewesen sei: »Das war ja kein Kasperltheater.« Mit Sprengstoffen habe er keinerlei Erfahrung – »viel zu gefährlich«. Und schweißen könne er auch nicht.

Am 22. Februar 2018 sagt der ehemalige Mithäftling als Zeuge aus – und wiederholt, was ihm der Angeklagte beim Kaffee erzählte: »Ich habe die Kanaken in meinem Viertel in die Luft gejagt.« Bei Nachfragen des Richters verwickelt er sich in Widersprüche. Der Verteidiger von S. hatte schon früher erklärt: »Wieso sollte mein Mandant einem Gefangenen, den er kaum kannte, so etwas erzählen?«

»EINEN MISTER X GIBT ES NICHT«

Am 17. Mai, nach 25 Verhandlungstagen, entscheidet das Gericht, Ralf S. sei aus der Untersuchungshaft zu entlassen. Einen »dringenden Tatverdacht« gebe es nicht mehr. Das war mehr als nur ein Präjudiz – das war die Vorwegnahme des Freispruchs. Am 26. Juli plädiert Oberstaatsanwalt Herrenbrück zweieinhalb Stunden lang. Akribisch listet er auf, warum nur Ralf S. als Täter infrage komme. Da ist seine Gesinnung. Da sind die Ergebnisse der Telefonüberwachungen. Da ist die Aussage des Bundeswehr-Vorgesetzten, dass der Angeklagte versiert gewesen sei im Bombenbau. Da sind die eindeutigen Ergebnisse der »Operativen Fallanalyse«. Und Herrenbrück kritisiert, die Kammer habe sich vom Angeklagten »blenden lassen«, weil sie ihn lediglich für einen »Spinner, einen Aufschneider, einen Wichtigtuer« hielt. Ralf S. sei »zweifelsfrei der Täter«. Bevor der Oberstaatsanwalt eine lebenslange Haftstrafe wegen zwölffachen Mordversuchs fordert, sagt er noch: »Einen Mister X gibt es nicht. Der Mann auf dem Stromkasten war der Angeklagte.« Der Mann also, den die ältere Dame gesehen hatte, der vom Stromkasten aus per Fernzündung die Bombe detonieren ließ. Die Nebenkläger schließen sich dem Antrag des Oberstaatsanwalts an. Sollte Ralf S. nicht verurteilt werden, dann wäre dies »der schwerste Fehler in der Geschichte der Düsseldorfer Justiz«, sagt ein Anwalt der Opfer.

Am 31. Juli 2018 verkündet das Gericht den Freispruch – wie erwartet. »Wir haben es uns nicht leicht gemacht mit dem Urteil«, so der Vorsitzende Richter Drees. S. komme »grundsätzlich« als Täter »durchaus in Betracht«. Er sei »tief ausländerfeindlich«, habe Kontakt zu Rechtsextremen gehabt und sich in Widersprüche verstrickt. Doch seien mehrere Zeugenaussagen »kaum glaubhaft« gewesen: »Unbrauchbare Aussagen können nicht zu einer brauchbaren zusammengefügt werden.« Überdies stünden die intellektuellen Fähigkeiten »des ehemaligen Zeitsoldaten und mäßig erfolgreichen Security-Fachmanns« dem »logistischen Anspruch entgegen«, den eine solche Tat erfordere. Ein Freispruch sei »damit die logische Konsequenz«. Herrenbrücks Vorwurf sei der »schlimmste, den man einem Gericht machen kann. Diesen Vorwurf weisen wir entschieden zurück.«

Die Staatsanwaltschaft legte Revision ein. Doch im Januar 2021 bestätigte der Bundesgerichtshof den Spruch der Drees-Kammer. Deren Urteil weise keine Rechtsfehler auf, die Beweiswürdigung sei deswegen »im Ergebnis hinzunehmen« – selbst in Fällen, »in denen ein anderer Schluss näher gelegen« hätte, sagte der Vorsitzende BGH-Richter Jürgen Schäfer.

Dieser Satz könnte als Kritik ausgelegt werden, zumal Schäfer betonte, »unabhängig« vom Ausgang des Prozesses sei jedenfalls eines »noch einmal deutlich« geworden, »wie groß das Leid der Opfer war. Ihr Leben ist von einer Sekunde auf die andere nicht dasselbe gewesen«. Die damals schwerverletzten Menschen litten noch lange Zeit. Weil bei Ekaterina P. auch das Lymphsystem im rechten Bein zerstört wurde, konnte Gewebewasser nicht mehr abfließen – immer wieder schwoll es an. Boris V. war ein sportlicher, durchtrainierter Typ. Dann aber nicht mehr imstande, einen Wasserkasten zu heben.

Eigentlich, hatte ein Nebenklägervertreter nach dem BGH-Entscheid gesagt, müsse jetzt doch weiter nach Tätern gesucht werden. Dies geschah jedoch nicht. Der Fall Wehrhahn: ungeklärt, ungesühnt, abgelegt. Nur noch ein Fall für die Geschichte.

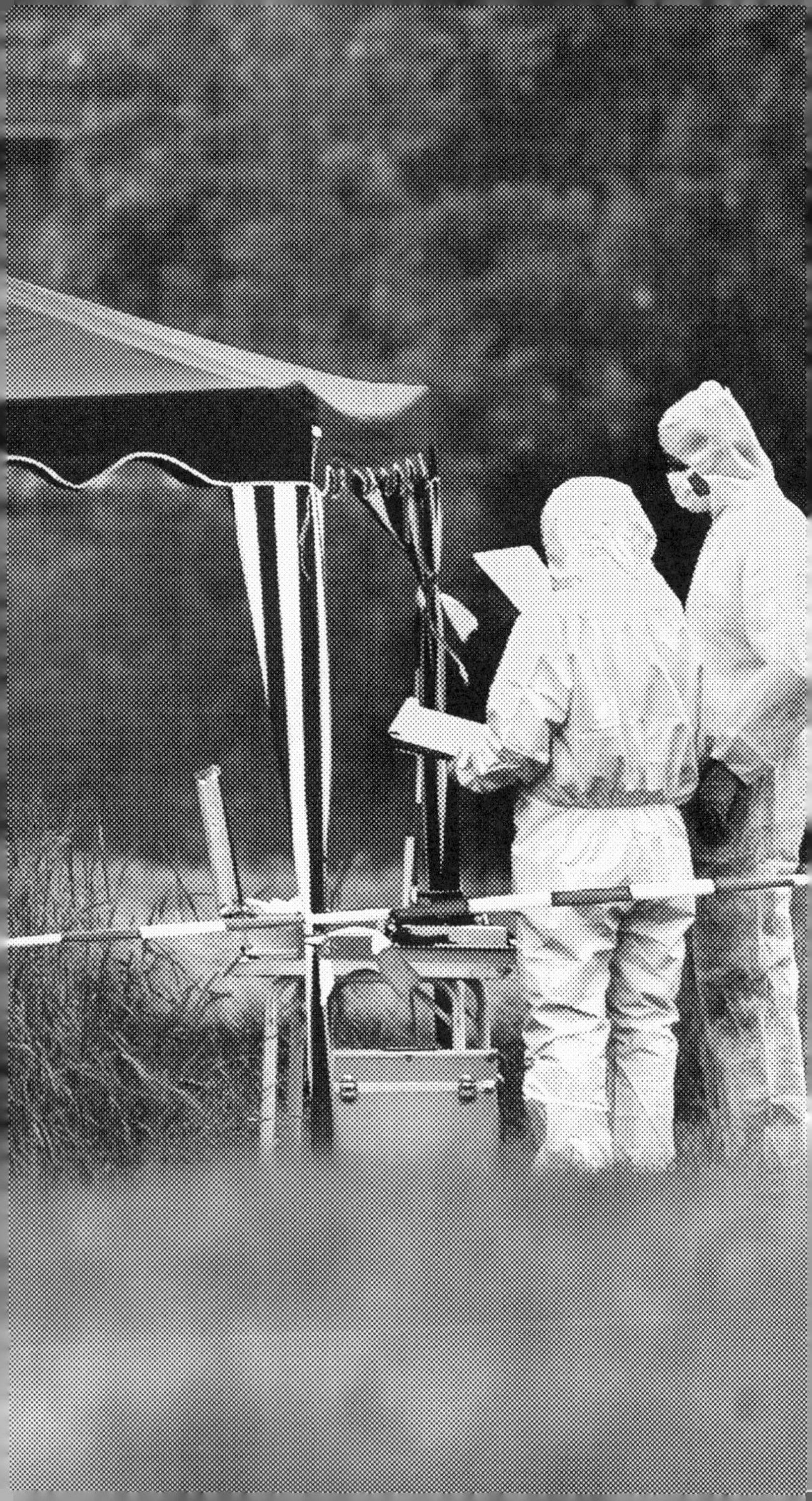

TIEFER FALL

DER FDP-POLITSTAR JÜRGEN W. MÖLLEMANN STÜRZT IN DEN TOD

5. JUNI 2003

Die letzten Worte des Jürgen W. Möllemann waren: ein Versprechen. Das ist seltsam bei einem Freitod, sehr seltsam.

5. Juni 2003, ein Donnerstag. 4250 Meter über dem nördlichen Ruhrgebiet, kurz vor 13 Uhr. An Bord einer rot-weißen Propellermaschine vom Typ Pilatus Porter sitzen, dicht gedrängt, acht Fallschirmspringer. Einer von ihnen ist Möllemann. Der Polit-Star früherer Tage. Ex-Staatsminister im Auswärtigen Amt, Ex-Bildungsminister, Ex-Wirtschaftsminister, Ex-Vizekanzler der Bundesrepublik Deutschland. Ex-FDP-Fraktionsvorsitzender im Düsseldorfer Landtag. Ex-Bundestagsabgeordneter.

Ein Ex-Held der Freidemokraten.

In der Partei, der er im März den Rücken gekehrt hatte, sehen die meisten in ihm nur noch einen Paria. Die Stationen seines Lebens sind nur noch Chiffren: in den Akten der Polizei, der Steuerfahndung, der Staatsanwaltschaft. EA 01 – das Kürzel für Möllemanns Büro im Landtag. EA 06 – sein Wohnhaus im gediegenen Münsteraner Stadtteil Gievenbeck. EA 20 – sein Zimmer im Bundestag. EA 32 – seine Villa »Nuestro Sueño« nahe Maspalomas auf Gran Canaria.

EA heißt »Einsatzabschnitt«. So nennt die Kriminalpolizei Bereiche, die von kleinen Trupps durchsucht werden sollen. Und just für diesen 5. Juni ist die größte Razzia geplant, die je gegen einen deutschen Politiker aus der vordersten Reihe organisiert wurde. Gleichzeitig an mehr als 25 Orten, auch in Liechtenstein und Luxemburg.

MENTOR HANS-DIETRICH GENSCHER

Möllemann, Fallschirmjäger-Offizier bei der Bundeswehr und dann Lehrer für Deutsch, Geschichte und Sport, hatte bis 1969 der CDU angehört – was ihn nicht daran hinderte, bei Demonstrationen zusammen mit Funktionären der Deutschen Kommunistischen Partei gegen den Vietnam-Krieg der Amerikaner zu protestieren. 1970 wurde er Mitglied der FDP, zwei Jahre später saß er bereits im Deutschen Bundestag. Sieben Jahre lang, von 1975 bis 1982, amtierte er als sicherheitspolitischer Sprecher der Fraktion. Sein Mentor: Hans-Dietrich Genscher, der Bundesaußenminister.

Der holte ihn 1982 als Staatsminister ins Auswärtige Amt. 1987 stieg Möllemann, mittlerweile nordrhein-westfälischer Landesvorsitzender der FDP, zum Bundesminister für Bildung und Wissenschaft auf. Am 18. Januar 1991 trat er ein neues Amt an – das des Bundeswirtschaftsministers. Nur wenige Tage später lag auf seinem Schreibtisch ein brisanter Fall. Die Waffenschmiede Thyssen Henschel hatte die Bundesregierung um Zustimmung für den Verkauf von 36 Spürpanzern, Typ »Fuchs«, an Saudi-Arabien gebeten. Der »Fuchs« wurde als weltweit bestes Gerät angesehen, um in Kriegslagen atomare oder chemische Kampfstoffe aufzuspüren.

Eigentlich galt die bis dahin offenbar immer geachtete Regel, Rüstungsexporte in Krisengebiete seien zu untersagen. Nach dem Überfall des Irak auf Kuwait im August 1990, der den sogenannten Zweiten Golfkrieg auslöste und zum Gegenschlag einer von den USA angeführten Militärkoalition führte, war die politische Situation im Nahen Osten eine andere.

Jürgen Möllemann, 2003

Der für den heiklen Fall zuständige Ministeriumsbeamte notierte zwar, sein Haus würde »in dieser Sache wohl ein negatives Votum abgeben«, doch Mitte Februar erklärte der Wirtschaftsminister: »Ich stimme zu und bitte das BM Genscher mitzuteilen.« Dies war insofern erstaunlich, als Möllemann damit klar Position gegen seinen politischen Ziehvater bezog. Denn der Außenminister wollte nur die Ausfuhr von 18 statt 36 Panzern genehmigen. Über Genschers Votum setzte sich schließlich auch der geheim tagende Bundessicherheitsrat hinweg, dem Kanzler Helmut Kohl (CDU) vorstand.

Der Panzerdeal brachte Thyssen Henschel gut 440 Millionen Mark ein – war aber auch mit riesigen (und von der Steuer absetzbaren) Provisionszahlungen verbunden, nämlich satten 220 Millionen Mark. Ein Nutznießer war jemand, der später in den Akten mal mit dem Kürzel »WE«, mal mit seinem Klarnamen auftauchte – der Düsseldorfer Kaufmann Rolf Wegener. Über ihn heißt es in einem Papier der Wirtschaftsprüfer von Arthur Andersen lapidar: »Er ist ein Bekannter des FDP-Politikers Möllemann.«

Als »Berater für Marketingzwecke in der Golfregion« soll Wegener für die vermeintliche Hilfestellung beim Panzergeschäft 8,93 Millionen DM kassiert haben – zu überweisen in fünf Tranchen. Und immer auf das liechtensteinische Konto einer Briefkastenfirma mit Sitz in Panama.

GESCHEITERT AN EINEM EINKAUFSWAGEN-CHIP

Am 3. Januar 1993 musste Möllemann als Wirtschaftsminister – und Vizekanzler – zurücktreten. Er hatte auf amtlichem Briefpapier Werbung gemacht für einen Einkaufswagen-Chip, den die Firma eines angeheirateten Vetters vertrieb. Eine politische Eselei, die ihn auch den Vorsitz der nordrhein-westfälischen FDP kostete. Vorerst jedenfalls.

Der frühere Wirtschaftsminister wurde Geschäftsmann. Im Februar 1994 startete er sein Unternehmen WebTec, eine Beraterfirma mit Sitz in der Achenbachstraße im Stadtviertel Düsseltal. Zum Prokuristen machte er einen Parteifreund, der früher Militärattaché an der deutschen Botschaft in der saudischen Hauptstadt Riad war – und sich vehement für die Lieferungen der »Fuchs«-Panzer eingesetzt hatte. Möllemann begann nun, schrieb der Publizist Hans Michael Kloth, »seine politischen Kontakte (...) zu vergolden«, die er als Minister bei Besuchen in der arabischen Welt geknüpft hatte.

Kurz vor Weihnachten 1994 gründete Möllemann in Münster die MS-Air Gesellschaft für Flug- und Luftbildservice. Mit im Boot: Rolf Wegener. Und im August desselben Jahres wurde in Liechtenstein eine Firma ins Handelsregister eingetragen, mit der Möllemann schnell ins Geschäft kommen sollte: die Curl AG. Zweck des Unternehmens: »Durchführung von Rechts-, Finanz- und Handelsgeschäften«. Wer Möllemann fragte, was er denn treibe, der bekam als Antwort: »Beratertätigkeiten im Ölgeschäft«, damit verdiene er sich eine »goldene Nase«. Sicher ist, dass zwischen 1995 und 1999 von einem Curl-Konto 5,2 Millionen Mark an die WebTec überwiesen wurden. Und eine Million aus Monaco, Absender: Wegener.

1996 wurde Möllemann erneut zum Landesvorsitzenden gewählt. Er baute die nordrhein-westfälische FDP zu einer ganz auf ihn ausgerichteten Bastion aus. Bei den Landtagswahlen im Mai 2000 holte die Partei mit ihm als Spitzenkandidaten 9,8 Prozent der Stimmen – ein Riesenerfolg. Nach Jahren der Schwäche war die FDP nun plötzlich drittstärkste Kraft. Möllemann wurde Fraktionsvorsitzender im Düsseldorfer Landtag und 2001 einer der drei Stellvertreter des FDP-Bundesvorsitzenden Guido Westerwelle.

Schon bald fühlte er sich stark genug, um von Düsseldorf aus die FDP zu einer Volkspartei mit eigenem Kanzlerkandidaten zu machen – »Strategie 18«, auch »Projekt 18«, hieß seine überaus ambitionierte Idee. Bei der Bundestagswahl 1998 hatte die FDP gerade einmal sechs Prozent geholt. Sein Ziel für die 2002 anstehende Wahl waren 18 Prozent – das Dreifache. Er boxte dieses Wahlkampfkonzept durch. Doch hieß der Kanzlerkandidat nicht Möllemann, sondern Guido Westerwelle. Das war Teil des Plans.

Woher allerdings die neuen FDP-Wähler kommen sollten, das war politischen Beobachtern völlig unklar. Eine Option gab es: nämlich im rechten Lager zu fischen. Schon im Herbst 1994 hatte eine kleine FDP-Kohorte unter Führung des früheren Generalbundesanwalts Alexander von Stahl dafür geworben, linksliberale Positionen abzuräumen und die Partei auf einen nationalliberalen Kurs zu bringen. À la longue gesehen komme die FDP »an einer Trendwende« nicht vorbei, so von Stahl: »Der ganze linke Firlefanz führt in den Abgrund.«

Offenbar glaubte Möllemann, es sei möglich, auch mit antisemitischen Klängen Zustimmung ernten zu können. Als im März 2002 der grüne Landtagsabgeordnete Jamal Karsli bei seiner Partei in Ungnade fiel, nachdem er der israelischen Armee »Nazi-Methoden« im Umgang mit Palästinensern vorgeworfen hatte, bot Möllemann ihm ein Mandat in seiner Fraktion an. Auch er selbst übte scharfe Kritik an Israel und an der »liebedienerischen Politik« von Außenminister Joschka Fischer gegenüber Tel Aviv. Über die Taten palästinensischer Selbstmordattentäter sagte der Fallschirmjäger-Offizier der Reserve: »Was würde man denn selber tun, wenn Deutschland besetzt würde? Ich würde mich auch wehren, und zwar mit Gewalt.« Israelische Vergeltungsschläge nannte er »Staatsterrorismus«.

Er hatte auf klammheimliche Zustimmung gehofft, erntete jedoch einen Proteststurm. Möllemann versuchte zwar, zurückzurudern, indem er die Selbstmordattentate schnell als »unerträglich« bezeichnete. Aber diese Form der Korrektur verfing nicht mehr. Der Zentralrat der Juden warf Möllemann vor, mit »Gehässigkeiten« zu arbeiten, ein prominenter Historiker regte an, Juden sollten überlegen, zu einem Wahlboykott der FDP aufzurufen. Noch schlimmer war allerdings, dass zwei höchstrangige Freidemokraten den Stab über ihn brachen: der FDP-Ehrenvorsitzende Otto Graf Lambsdorff und Hans-Dietrich Genscher, der politische Übervater.

Dennoch gab Möllemann nicht klein bei. Wenige Tage vor der Bundestagswahl am 22. September 2002 ließ er 8,4 Millionen

Wahlkampf-Flyer an Rhein und Ruhr verteilen, deren kurze Texte als Attacken auf den israelischen Ministerpräsidenten Ariel Sharon und auf Michel Friedmann, den Vizepräsidenten des Zentralrats der Juden, betrachtet werden konnten. Keine allzu heftigen Attacken – aber doch welche mit eindeutig antisemitischem Subtext.

GELDER SCHWARZ ÜBER DIE GRENZE GESCHAFFT

Bei der Wahl holte die FDP mit ihrem Spitzenkandidaten Guido Westerwelle nur 7,4 Prozent der Stimmen – ein Desaster angesichts der 18-Prozent-Träume. In Nordrhein-Westfalen waren es 1,9 Prozent mehr. Nur »wegen des Flyers«, behauptete Möllemann später und erklärte, dass er mit Hilfe dieses Flugblatts »die drohende Niederlage (…) wenigstens zum Teil noch« habe »abwenden wollen«. Er, der Erfinder der »Strategie 18«, Vordenker einer Volkspartei.

Druck und Vertrieb des Flyers hatten fast eine Million Euro gekostet. Und kurz nach der Wahl kam die Frage auf, woher dieses Geld denn eigentlich stammte. Möllemann verhedderte sich in Widersprüche. Anfangs behauptete er, außer ihm selbst hätten auch »viele Freunde und Sympathisanten« auf ein Sonderkonto eingezahlt, auch »Zuwanderer mit deutschem Pass«. Dann ließ er über Anwälte mitteilen, er habe die knappe Million aus »Privatvermögen« gespendet, dies sei ihm »die Sache wert« gewesen. Eher zufällig kam heraus, dass das Geld zuvor auf einem Konto bei der luxemburgischen Filiale der Banque Nationale de Paris (BNP) gebunkert war – und von einem Getreuen klandestin über die Grenze geschafft worden war: in vier Päckchen zu je 250.000 Euro.

Möllemann hatte endgültig sein einzig noch verbliebenes Kapital verspielt – den »Nimbus des einsamen, aber aufrechten Streiters für Wahrhaftigkeit, als einer, der sagt, was ist«, so der Publizist Hans Michael Kloth. Jetzt erschien er als krimineller Geldwäscher.

Über das BNP-Konto waren im Lauf mehrerer Jahre riesige Summen bewegt worden. Als Grund der Überweisung war stets

»Darlehensrückzahlung« angegeben. Aber wer da wem ein Darlehen gewährt hatte und warum, das vermochte Möllemann nie schlüssig zu erklären. Das waren freilich nicht die einzigen rätselhaften Zahlungen. Ab 1995 – und wohl bis 2000 – alimentierte der Medienmogul Leo Kirch die WebTec Jahr für Jahr mit etwa 800.000 Mark, angeblich handelte es sich um Honorare für »Beratertätigkeiten«.

»VERLOGENER BLÖDSINN«

Nach der Bundestagswahl sei Möllemann als rechter Verfemter abgestempelt worden, konstatiert der Berliner Politikwissenschaftler und frühere FDP-Staatssekretär Jürgen Dittberner, »und seine eigene Parteiführung wollte ihn davon nicht erlösen«. Ende 2002 kündigte Möllemann kampfesmutig an, am 6. Januar auf dem traditionellen Dreikönigstreffen der FDP den »verlogenen Blödsinn« zu widerlegen, er habe mit der Flyer-Aktion die politische Achse der Partei verschieben wollen. Das schlechte Ergebnis bei der Bundestagswahl sei auch darauf zurückzuführen, dass die FDP »keinen Kanzlerkandidaten, sondern ein Kanzlerkandidätchen nominiert« habe.

Doch ein Auftritt beim Dreikönigstreffen wurde ihm verwehrt. Am 11. Februar 2003 schloss die FDP-Bundestagsfraktion Möllemann aus, in der Düsseldorfer Landtagsfraktion durfte er vorerst bleiben. Am 27. März verließ er die Partei nach 32 Jahren, behielt jedoch seine Mandate. Mittlerweile ermittelten die Staatsanwaltschaften Münster und Düsseldorf gegen ihn wegen des Verdachts der Steuerhinterziehung und – in Zusammenhang mit der Flyer-Aktion – wegen Verstoßes gegen das Parteiengesetz.

Anfangs sei Möllemann »durchaus gesprächswillig« gewesen, erinnerte sich ein früherer Staatsanwalt. Dann habe er jedoch »zugemacht«. Freunde hatten den Eindruck, als sei er auf der Flucht vor sich selbst. Der begabte Taktiker, der abgeklärte Ehrgeizling, der kühle Provokateur – nichts davon stimmte mehr. Plötzlich glaubte Möllemann, er würde daheim belauscht, sein Telefon abgehört. Und er war ganz offenbar überzeugt davon, dass in sein Haus und seine Büros eingebrochen werde. Dass es keinerlei Spuren gab, war für ihn eher eine Bestätigung. Auf eine so große Nummer wie ihn würden eben nur Profis angesetzt – von der amerikanischen CIA oder vom israelischen Mossad.

Seinem alten Kumpel und Parteifreund Wolfgang Kubicki, den er wegen des slawisch anmutenden Nachnamens nur »Vaclav« nannte, drückte er im April 2003 einen Brief in die Hand – und bat ihn, diesen erst nach seinem Tod zu öffnen. Möllemann war sichtlich angeschlagen, so Kubicki. Er habe sich »verfolgt und beobachtet gefühlt«, dachte, »man wolle ihm ans Leder«. Der Brief war, mysteriös genug, vordatiert auf den 17. Mai.

DER IMMUNITÄTSAUSSCHUSS WIRD AKTIV

Aus Sicht der Fahnder gibt es nur noch eine Möglichkeit, endlich der Wahrheit auf die Spur zu kommen: mit Hilfe von Durchsuchungs- und Beschlagnahmebeschlüssen. Im März erlässt das Amtsgericht Münster einen ersten Beschluss. Am 22. April zieht das Amtsgericht Düsseldorf nach. »Der Beschuldigte«, heißt es in diesem Papier, habe »sich bisher zu den gegen ihn erhobenen Vorwürfen nicht geäußert und ist zu einer Kooperation mit den Ermittlungsbehörden nicht bereit«. Seine Taten seien »in ganz erheblichem Maße geeignet, das Vertrauen der Staatsbürger in die Redlichkeit der führenden politischen Klasse der Bundesrepublik zu gefährden«.

Vorerst steht solch scharfen Maßnahmen ein Hindernis entgegen – Möllemanns Immunität als Abgeordneter. Staatsanwälte informieren die Präsidenten des Deutschen Bundestags und des nordrhein-westfälischen Landtags. Beide erklären, keine Einwände zu haben. Vorsorglich schicken die Ermittler am 26. Mai schon einmal Rechtshilfeersuchen nach Liechtenstein, Luxemburg und Spanien.

Am 31. Mai, einem Samstag, geht beim Immunitätsausschuss des Deutschen Bundestags ein dickes Aktenkonvolut aus Düsseldorf ein: Möllemanns Fall. Offenbar haben die Ermittler gute Arbeit geleistet. Denn die Ausschussvorsitzende Erika Simm, einst selbst Staatsanwältin, lobt die Unterlagen der ehemaligen Kollegen als »sehr sorgfältig erarbeitete Anträge, mit Akribie zusammengetragen, voller Detailwissen«.

Mittwoch, 4. Juni, im Plenarsaal des Landtags. Möllemann, der nunmehr fraktionslose Abgeordnete, kommt an der Pressetribüne vorbei. Journalisten, die ihn seit Jahren als agilen Typen kennen, wundern sich über seinen Auftritt. Er habe, so erinnert sich Dieter Wendorff, der langjährige Sprecher des Justizministeriums, einen »fast roboterhaften Eindruck gemacht« – wie jemand, der »unter großer Anspannung steht«. Andere sagen, er sei »irgendwie bemüht locker« gewesen.

Auf der Tagesordnung von Möllemanns letzter Plenarsitzung stehen eher nachrangige Themen – etwa das Kleingartenwesen. Möllemann sitzt auf einem separat stehenden blauen Stuhl hinter der FDP-Fraktion. Sein langjähriger Parteifreund Horst Engel kommt vorbei, hockt sich hin, fast sieht es aus, als knie er vor Möllemann. »Was macht Münster, was macht Düsseldorf?«, fragt Engel, ein altgedienter Kripobeamter. Gemeint sind die beiden Ermittlungsverfahren.

»Mit Münster sind wir uns einig«, sagt Möllemann. »Das wird auch Signalwirkung auf das Düsseldorfer Verfahren haben.« Die Münsteraner wollten wohl »einstellen, nach Paragraf 153«. Das würde bedeuten: kein öffentliches Interesse an der weiteren Strafverfolgung, geringe Schuld.

Damit liegt Möllemann vollkommen falsch.

Mittwochabend, Münster, gegen halb sieben. Lockeren Schritts betritt Möllemann sein Stammlokal. Er setzt sich – wie immer – an die helle Theke aus Buchenholz. Es ist angenehm kühl, draußen herrscht schwüle Hitze. Er erzählt Anekdoten, macht Franz Josef Strauß nach, den Urbayern. Und berichtet seinen Thekenfreunden, er werde morgen über Marl abspringen: »Wünscht mir viel Glück.«

Jürgen Möllemann und Wolfgang Kubicki im Mai 2002 in Berlin

Der Fallschirmspringer Möllemann mit Anzug und Ausrüstung in den Parteifarben der FDP, 2002

»BESUCH VON DER STAATSMACHT«

Am Morgen des 5. Juni bezieht vor seinem Haus ein TV-Übertragungswagen Stellung. Um 9.30 Uhr ruft Möllemann seinen Kumpel Kubicki an. Hier lungerten Journalisten herum, sagt er, einige Autos hätten Düsseldorfer Kennzeichen, ob er eine Ahnung habe, was los sei. »Du kriegst Besuch von der Staatsmacht«, antwortet Kubicki, dessen Ehefrau Anwältin von Möllemann ist.

Möllemann fährt zum Flughafen Marl-Loemühle. Um 10.45 Uhr kommt er an. Beim Wirt der Flughafenkneipe ordert er ein Wasser. Das Wetter ist zu schlecht für einen Sprung, gegen Mittag soll es wieder passable Bedingungen geben, heißt es. Dann kommt das Kommando der Sprungleitung: »noch 20 Minuten«.

Möllemann zieht sich an seinem Wagen seine blaue Sprungkombi an. Der Fallschirm liegt schon seit Tagen im Kofferraum. Er gibt bei der Sprungleitung seinen Wagenschlüssel ab. Und einen Zettel mit seiner Düsseldorfer Büronummer.

»ICH SPRINGE HEUTE EINEN EINZELSTERN«

Berlin: Der Immunitätsausschuss des Deutschen Bundestags sollte an diesem 5. Juni eigentlich erst ab 15.30 Uhr tagen. Doch die Sitzung wird auf 11.15 Uhr vorgezogen – eine Bitte der Einsatzleitung der Polizei. So haben die 100 Beamten, die schon längst überall Position bezogen hatten, ein bisschen mehr Zeit für ihre Arbeit.

Die Entscheidung im Ausschuss fällt einstimmig. In der Bundestags-Drucksache 15/1135 heißt es lapidar: »Der Bundestag wolle beschließen: Die Genehmigung zum Vollzug gerichtlicher Durchsuchungs- und Beschlagnahmebeschlüsse gegen das Mitglied des Deutschen Bundestages Jürgen W. Möllemann (...) wird erteilt.« Das Parlament stimmt zu. Es ist 12.18 Uhr.

Etwa zur gleichen Zeit fragen die Sportskameraden in Marl-Loemühle Möllemann, ob er mit ihnen einen »Stern« springen wolle – also in Formation. Er sagt: »Ich springe heute einen Einzelstern.«

Der Pilot wirft die Turbine der Pilatus Porter an, rollt zur Startbahn »Zwo-Fünf«.

Möllemanns alter Fallschirmspringer-Kamerad Guido Bleckmann hockt im Flugzeug direkt vor ihm. An Bord wird nicht viel geredet. Beckmann sagt zu ihm: »Eh ich es vergesse, ich hätte gerne ein Buch mit Widmung«. Er meint ein Exemplar von Möllemanns *Klartext*, das kurz zuvor erschienen ist. Es ist eine Rechtfertigungsschrift, eine Art Schlussplädoyer. Und eine Abrechnung mit den Granden der FDP. »Kein Problem. Machen wir unten«, verspricht Möllemann. Es sind die letzten Worte seines Lebens.

In 1500 Meter Höhe verlässt der erste Springer, ein Fallschirm-Schüler, die Maschine. Auf 4250 Meter Höhe das »Exit«-Kommando für die anderen. Die Schiebetür wird wieder aufgezogen, für die fünf »Stern«-Springer.

Möllemann springt einige Sekunden später. Ein Sportfreund filmt diesen Moment. Es sind die letzten Aufnahmen, die ihn lebend zeigen.

Zweieinhalb Kilometer freier Fall, auf 1600 Meter zieht er den Hauptschirm mit den riesigen Initialen seines Namens JWM und steuert ihn durch die Luft, gekonnt wie immer. Schwebt hinunter bis auf etwa 1.000 Meter. Hier löst er den Hauptschirm plötzlich ab. Und nimmt im freien Fall die sogenannte X-Position ein: Arme und Beine weit auseinandergebreitet.

Ab jetzt hat er ziemlich genau noch 16 Sekunden Zeit, sich gegen den Tod zu entscheiden. Bis drei Sekunden vor dem Aufschlag wäre eine Rettung möglich gewesen.

Doch statt den Reserveschirm zu aktivieren, reißt sich Möllemann die Sprungbrille vom Kopf. Er schlägt mit einer Geschwindigkeit von etwa 200 Stundenkilometern auf, bei vollem Bewusstsein. Der Körper: zerschmettert im Bruchteil einer Sekunde. Es ist 12.50 Uhr.

Hier, auf einem Acker bei Marl nahe Recklinghausen, endet mit diesem Himmelssturz ein Stück von geradezu shakespear'schem Ausmaß. Macht, Intrige, Tod – Sujets der klassischen Tragödie.

Bei einer Pressekonferenz am 9. Juli 2003 werden der Unglücksfallschirm und technisches Zubehör präsentiert

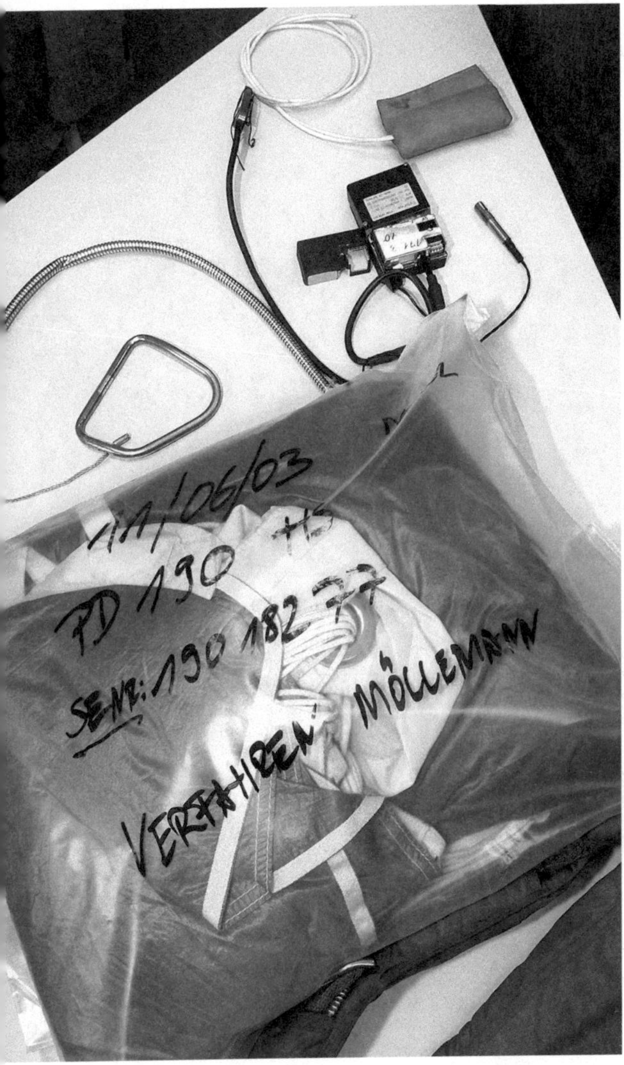

Möllemanns Villa „Nuestro Sueño“ nahe Maspalomas auf Gran Canaria

5. Juni 2003

WUT AUF DIE FREIDEMOKRATEN

Als Wolfgang Kubicki von Möllemanns Tod erfährt, holt er aus seinem Safe den Brief. Er ist zwei Seiten lang. Möllemann erklärt, seine Frau Carola sei seine Erbin, auch geht es um frühere Geschäfte im Iran und in Turkmenistan, um Dokumente, die bei Freunden in Luxemburg und auf Gran Canaria aufbewahrt seien. Er schreibt: »Ich danke Dir sehr, mein Freund, dass Du, wenn nötig, Carola und den Töchtern bei der Bewältigung der wirtschaftlichen/rechtlichen Fragen hilfst«.

Eine Woche später wird Jürgen Wilhelm Möllemann auf dem Zentralfriedhof von Münster zu Grabe getragen. Seine Familie hatte in der Zeitung eine Traueranzeige schalten lassen, die ihre Enttäuschung, ihre Wut, ihren Zorn auf jene zum Ausdruck brachte, die ihrer Überzeugung nach »auf niederträchtige Weise versucht« hätten, »sowohl den Menschen (...) wie auch sein politisches Lebenswerk zu zerstören, für das er mehr als 30 Jahre leidenschaftlich mit Herz und Seele gekämpft hat«.

Gemeint waren insbesondere die Freidemokraten in Berlin. Und einige in Düsseldorf.

Die Ermittlungsverfahren sind mit Möllemanns Tod auf einen Schlag beendet. In seiner detailreichen Dissertationsschrift *Der Mensch und Politiker Jürgen W. Möllemann. Eine wissenschaftliche Analyse* hat der Politologe Christoph Greiner die Ermittlungsergebnisse der Staatsanwälte so zusammengefasst: Zwischen 1993 und 2001 flossen umgerechnet 8,95 Millionen Euro auf das Luxemburger Konto, allein im März 1993 knapp 7 Millionen DM. Die größte Einzelsumme zahlte Möllemann selbst in bar ein: 4 Millionen DM. Die meisten Beträge kamen von der Liechtensteiner Curl AG auf das WebTec-Konto. Abgesehen von 1,5 Millionen Euro für die Villa auf Gran Canaria gingen auch immer wieder hohe Beträge zurück an die Curl AG. Woher diese Gelder stammten, konnte nie zweifelsfrei geklärt werden. Fest steht aber, dass Möllemann etwa zwei Millionen Euro seines wie auch immer erworbenen Vermögens hintenrum für die FDP ausgab – seine FDP.

Wegen »schwerer Verletzung« des Parteiengesetzes erließ die Bundestagsverwaltung – erst Anfang Juli 2009 – einen Strafbescheid gegen die FDP. Sie forderte exakt 4.336.648,79 Euro. Die Klage dagegen hatte nur wenig Erfolg. In letzter Instanz bestimmte das Bundesverwaltungsgericht in Leipzig im April 2016, die FDP müsse zahlen, gab aber einen kleinen Rabatt. Es reduzierte die Strafe um exakt 199.403,83 Euro.

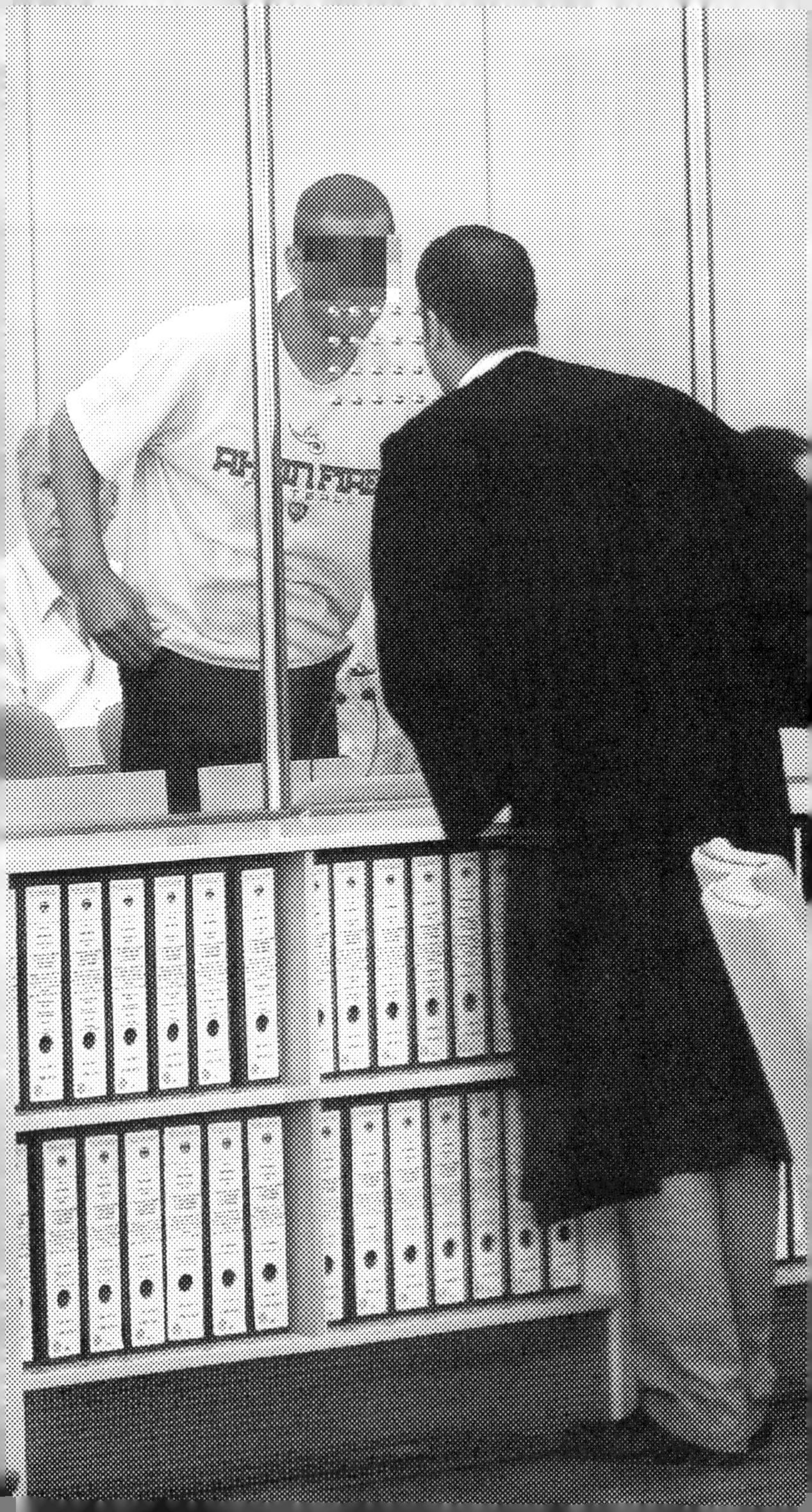

»WIR TUN, WAS GOTT WILL«

WIE AL-QAIDA-ANHÄNGER VERSUCHTEN, EINE BOMBE ZU BAUEN

29. APRIL 2011

Die Witzelstraße 24 in Bilk, ein Mehrfamilienhaus. Dritter Stock. Eine kleine Wohnung: zwei Zimmer, Küche, Bad. Und eine Werkstatt, die dazu dient, zwei Bomben zu bauen, Splitterbomben. Die erste sollte in einer Menschenmenge gezündet werden. Die zweite kurze Zeit später – dann, wenn Polizei und Rettungskräfte herbeigeeilt waren. Ein teuflischer Plan.

Mieter der Wohnung ist der Elektriker Jamil S., ein Deutsch-Marokkaner. Vor einigen Wochen hat hier auch der Marokkaner Abdeladim El-K. Quartier bezogen, früher an der Uni Bochum im Fach Mechatronik eingeschrieben. Immer wieder Gast sind der Maschinenbaustudent Halil S., der mal geplant hatte, Polizist zu werden, und der Bochumer Gymnasiast Amid C., ein Deutsch-Iraner. Amid war eng befreundet gewesen mit einem Islamisten, der in der einschlägigen Szene als Held galt, weil er sich bei einem Selbstmordanschlag Anfang Juli 2010 im afghanischen Kundus in die Luft gesprengt hatte.

El-K. ist der unbestrittene Chef dieses Quartetts, schon wegen seiner Vergangenheit. In Waziristan, einer kaum zugänglichen Bergregion im Grenzgebiet von Afghanistan und Pakistan, soll er von Januar bis Mai 2010 in einem Ausbildungslager der Terrortruppe al-Qaida[6] gedrillt worden sein. Eines seiner Lehrfächer, neben Sprengstoffkunde: Konspiration. Wieder in der Bundesrepublik, besorgte er erst einmal gefälschte Pässe. Und färbte sich die Haare. Manchmal trug er eine Perücke.

Al-Qaida-Rückkehrer bleiben gewöhnlich nicht nur in Kontakt mit der Führung, etwa über Call-Shops. Sondern fühlen sich auch verpflichtet, ob mit Auftrag oder ohne, Anschläge zu planen auf die »Söhne der Gelben«, wie sie die Europäer nennen. »Oh Scheich«, schrieb El-K. an einen hochrangigen Führer, »wir halten unser Versprechen, entweder Sieg oder Märtyrertum«. Derzeit bilde er »einige Jugendliche« aus, danach würden sie »mit Hilfe Allahs mit dem Schlachten der Hunde« beginnen.

NACHRICHTEN AUS WAZIRISTAN

Seit Herbst 2010 sind die vier Männer, intern bald »Düsseldorfer Zelle« genannt, im Visier von Verfassungsschutz und Polizei. Das Bundeskriminalamt hat eine vielköpfige Sonderkommission eingerichtet – genannt »Komet«.

Auf welchem Weg die entscheidenden Hinweise gekommen waren, konnte jedoch nie abschließend geklärt werden. Mal hieß es, ein Informant namens »Schmitz« habe sich aus dem fernen Waziristan beim BKA gemeldet und berichtet, zwei Männer planten »einen Anschlag in einer Menschenmenge«. Jener »Schmitz« gab offenbar auch Details preis, die in den einschlägigen Datenbanken der Sicherheitsbehörden gecheckt wurden. Hängen blieb: Abdeladim El-K.

Mal hieß es, die Ermittler seien »von amerikanischer Seite« auf das »ungewöhnliche Reiseverhalten Verdächtiger« aufmerksam gemacht worden, wie es der damalige CSU-Bundesinnenminister Hans-Peter Friedrich eher kryptisch formulierte. Beim Versuch,

Die Angeklagten Jamil S. (von hinten) und Abdeladim El-K. begrüßen sich im Gerichtssaal

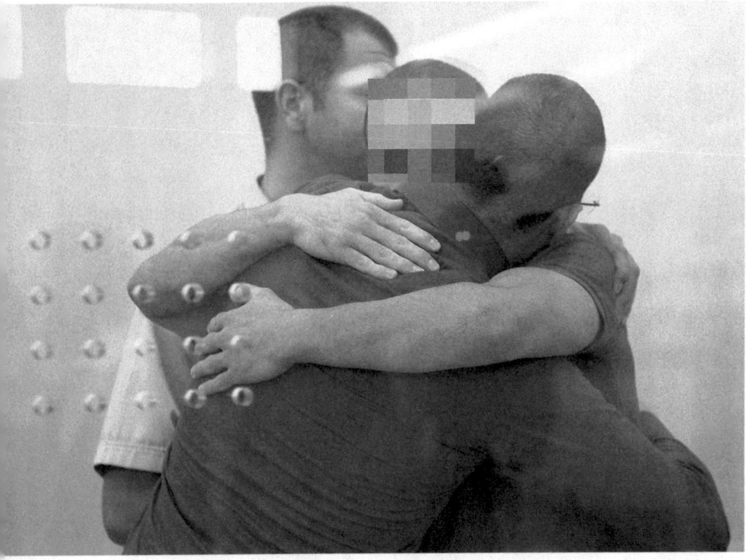

Witzelstraße 24: Ermittler sichern am 29. April 2011 Beweismaterial

den Verdächtigen auf die Spur zu kommen, seien die Daten von Flugpassagieren »ein wesentliches Element« gewesen.

Mal hieß es, der US-Geheimdienst NSA, der weltweit Kommunikationen auch mithilfe seines Sonderprogramms »Prism« überwacht und abschöpft, habe den entscheidenden Tipp gegeben. »Möglicherweise«, schrieb der Investigativjournalist Jörg Diehl, widersprächen sich »die Angaben auch nur scheinbar«. Der Anrufer aus Waziristan könnte »den Startschuss« gegeben haben, jedoch »Prism den Beamten die richtige Richtung«. Wenn Geheimdienste im Spiel sind, dann ist die Wahrheitsfindung keine einfache.

Fakt ist jedenfalls, dass die Wohnung in der Witzelstraße 24 und all jene, die hier ein- und ausgingen, ab dem Herbst 2010 unter ständiger Beobachtung standen – ein halbes Jahr lang. Das volle Programm: Überwachung von Telefonaten, E-Mails, Chat-Protokollen aus Call-Shops, Logdaten von Handys. Observationen rund um die Uhr. Und eine Wanze am Kühlschrank. Die übertrug Sätze, die manchmal schwer zu verstehen waren: »Wir tun, was Gott uns will.« – »Wenn wir am Leben sind, wir sind Helden.« – »Wenn wir sterben, wir bleiben auch Helden, mit Hilfe Gottes, des Erhabenen ...« – »Die ganzen Seelen werden gewaschen. So werden deine ganzen Sünden ausgelöscht.«

El-K. lud aus dem Internet ein al-Qaida-Handbuch herunter, das präzise beschrieb, wie man eine Bombe baute. Er suchte nach Grundstoffen für Sprengstoff, etwa Aceton oder Wasserstoffperoxid. Und kaufte – vor den Augen der Beobachter – gemeinsam mit einem Komplizen in einem Baumarkt große Mengen Grillanzünder. Im Terrorcamp hatte El-K. gelernt, dass diese Anzünder die Chemikalie Hexamin enthielten – ganz wichtig für einen Bombenzünder.

Über die Wanze am Kühlschrank konnte mitgehört werden, was nun geredet wurde: »Jetzt muss ich alles mixen. (...) Mit warmem Wasser und danach trocknen lassen. (...) Dann misch ich das mit Zitronensäure und H2O2, und dann hast Du den Zünder für eine Bombe. (...) Zünder ist das Wichtigste, Bombe ist einfach. Bombe ist nicht so schwer. Aber Zünder, weil Zünder ist mehr gefährlich als Bombe. Dieser Zünder, wenn der explodiert, gibt's einen Feuerkopf.«

Was die Bombenbastler nicht wussten: In den Grillanzündern aus dem Baumarkt steckte kein Hexamin. Sondern nur Paraffin. Ein harmloses Mittel. Untauglich für eine Bombe.

»DIE DEUTSCHEN SIND EINDRINGLINGE«

7. April 2011, ein Donnerstag. Um 23.14 Uhr hören BKA-Beamte mit, wie El-K. seine Mitstreiter offenbar einschwört: »Die Deutschen sind Eindringlinge. Wir sind Helden. Wir werden Vorbilder sein für andere.« Für die Fahnder ist dies der Hinweis, dass ein Verbrechen unmittelbar bevorsteht – und doch warten sie noch ab mit dem Zugriff. Tage später dann dieser Satz: Es sei am besten, es »an einer Bushaltestelle zu machen«. Wo viele Menschen sind. Wo viele Menschen sterben würden. Zerrissen von den Bomben.

Das ist das Signal für den Zugriff. Am 29. April knackt ein Kommando der Spezialtruppe GSG 9 die Wohnung. El-K. und Jamil S. werden festgenommen, zum gleichen Zeitpunkt greifen sich Grenzschützer in Bochum den Pennäler Amid C. Der Vierte im Bunde, Halil S., ist verschwunden. Er wird erst am 8. Dezember verhaftet.

Am 25. Juli 2012 beginnt vor dem 6. Strafsenat des Oberlandesgerichts Düsseldorf der Prozess gegen die vier Männer. Er sollte fast zweieinhalb Jahre dauern und war mit über 160 Verhandlungstagen einer der längsten in der deutschen Justizgeschichte. 22 Sachverständige treten auf, 145 Zeugen – unter ihnen Terrorexperten und Geheimdienstchefs. Ein Beamter der amerikanischen Bundespolizei FBI berichtet Spektakuläres: Als US-Soldaten der Eliteeinheit »Navy Seals« im Mai 2011 in einer Blitzaktion das Versteck Osama Bin Ladens im pakistanischen Abbottabad gestürmt und den al-Qaida-Chef getötet hatten, seien Datenträger, ein USB-Stick und Papiere mitgenommen worden. Darunter war auch der Brief eines Bin-Laden-Getreuen, datiert vom 28. März 2010, der darin über einen »marokkanischen Bruder«, der ihm absolute Treue geschworen habe, schrieb, dieser studiere

Al-Qaida-Chef Osama Bin Laden

US-Präsident Barack Obama und weitere Regierungsmitglieder verfolgen im Weißen Haus die Erstürmung des Verstecks von Osama bin Laden in Pakistan 2011

»Elektromechanik« und stehe für Attentate in Europa bereit. Er nannte auch dessen Geburtsdatum – was mit dem des Angeklagten El-K. übereinstimmte.

Immer wieder versuchen die Verteidiger, Zweifel zu säen. Zweifel daran, ob das Ermittlungsverfahren der Bundesanwaltschaft rechtsstaatlich einwandfrei zustande gekommen war, weil es sich auf möglicherweise rechtswidrig erlangte Abhörerkenntnisse des NSA stützte. Denn dann, argumentierte Johannes Pausch, der Anwalt des Hauptangeklagten El-K., liege »ein Verwertungsverbot nahe«. Und Zweifel daran, ob die mitgehörten Gespräche, wie sie schließlich protokolliert wurden, tatsächlich so stattgefunden hatten. Es sei, sagt Pausch, oftmals ein »akustisches Chaos« gewesen, »eine Zumutung«. Manches war nur bruchstückhaft – ein Halbsatz hier, ein Halbsatz da. Vor Gericht bekunden selbst die Auswerter, »sie hätten Dutzende Male reinhören müssen, um den Zusammenhang zu verstehen«, schreibt die *Süddeutsche Zeitung*. Pauschs Kollegin Jenny Lederer kritisiert, der »fragmentarische Charakter« der Überwachungsmitschriften deute darauf hin, dass »entlastende und entschärfende Passagen« weggelassen worden sein könnten. Die Verteidigung hatte auch Zweifel an der Echtheit des Briefs, der bei Bin Laden gefunden worden war.

Kein Argument der Verteidigung zieht. Alle Beweise seien »rechtsstaatlich einwandfrei« zusammengetragen worden, »ohne Zutun von Diensten«, erklärt Bundesanwalt Michael Bruns, einer der Ankläger. Überdies sei »unerheblich«, woher der »erste Tipp auf die Zelle gekommen« sei. Es habe nachgewiesen werden können, dass al-Qaida in der Bundesrepublik eine Terrorgruppe »gesteuert« habe. Ziel seien »tödliche Anschläge« gewesen. Bruns' Kollegin Claudia Gorf betont, mit Abdeladim El-K. müsse sich deren »bislang höchstrangiger Kader vor einem deutschen Gericht« verantworten, und forderte für ihn und die anderen hohe Haftstrafen. Selbst El-K.s Verteidiger plädiert nicht auf Freispruch, sondern beantragt, die Strafe solle sieben Jahre nicht übersteigen. »Unser Mandant«, sagt Pausch, »will zum Dschihad stehen.« Auf das letzte Wort, das Angeklagten zusteht, verzichten sie.

Einem Freund schreibt El-K.: »Mein Paradies ist in meinem Herzen. Wenn ich umgebracht werde, ist es Märtyrertum. Wenn ich inhaftiert werde, ist es Zurückgezogenheit. Wenn ich verbannt werde, dann ist das Tourismus.«

KEIN VERSTOSS GEGEN DAS VÖLKERRECHT

Der Strafsenat sprach am 13. November 2014 die Urteile: neun Jahre Haft für El-K., damals 33 Jahre alt. Sieben Jahre für Jamil S., 34. Fünf Jahre für den 23-jährigen Amid C., der in der Untersuchungshaft sein Abitur gemacht hatte. Vier Jahre und sechs Monate für Halil S., 30. Im Mai 2015 verwarf der Bundesgerichtshof die Revision gegen die Düsseldorfer Urteilssprüche in ganz wenigen Zeilen als »unbegründet«. Eine Rüge der Verteidigung, die nach der Tötung Bin Ladens mitgenommenen Dokumente hätten deshalb nicht verwertet werden dürfen, weil der »Navy-Seals«-Zugriff im pakistanischen Abbottabad ein flagranter Verstoß gegen das Völkerrecht gewesen sei, konterte der BGH kühl. Ob eine »etwaige Völkerrechtswidrigkeit« vorgelegen habe, könne »offen bleiben«. Auf jeden Fall gebe es »kein Verwertungsverbot«.

Im August 2019 schoben die nordrhein-westfälischen Behörden Abdeladim El-K., der als »Top-Gefährder« eingestuft war, ab. Nach Marokko, in sein Geburtsland.

Anmerkungen

1 Werner Höfer (1913–1997) war nach dem Zweiten Weltkrieg einer der bekanntesten Fernsehjournalisten der Bundesrepublik. Von 1952 bis 1987 moderierte er 1874-mal den »Internationalen Frühschoppen«, der sonntags im WDR ausgestrahlt wurde – eine Art Stammtisch mit renommierten Journalisten aus aller Welt. Schon 1962 hatten DDR-Propagandisten erfolglos versucht, Höfer als Autor des Artikels über Kreiten zu bloßzustellen. Erst ein Artikel im *Spiegel*, der im Dezember 1987 von einer »Hinrichtungshymne« schrieb, zwang Höfer zum Rücktritt. Seine Entschuldigung, in jenen schlimmen Zeiten sei er zwar kein Widerstandskämpfer, aber auch kein Schreibtischtäter gewesen, war eher eine Rechtfertigung und zog nicht.

2 Die Entnazifizierung, deren Basis das »Potsdamer Abkommen« von August 1945 war, hatte die Entfernung von Nationalsozialisten aus Ämtern und verantwortlichen Stellungen zum Ziel. Sie war zunächst ein hochambitioniertes Programm, dessen technische Umsetzung in den vier Besatzungszonen unterschiedlich verlief. Im Westen gingen die Amerikaner – im Gegensatz zu den eher zurückhaltenden Briten und den Franzosen – zunächst hart und konsequent vor. 13,4 Millionen Deutsche über 18 Jahre mussten einen Fragebogen mit 131 Positionen ausfüllen. Auf dieser Basis wurden sie als »Hauptschuldiger«, »Belasteter«, »Minderbelasteter«, »Mitläufer« oder »Entlasteter« eingeordnet. Das magere Ergebnis: Lediglich rund 25.000 Personen wurden als »Hauptschuldige« oder »Belastete« geführt. Ironisch merkt der Wissenschaftler Clemens Vollnhals an, das Personal der NS-Diktatur habe sich »mehr oder weniger ins Nichts« verflüchtigt.

3 Werner Best organisierte als Reichsbevollmächtigter in Dänemark ab 1942 – wie bereits zuvor im besetzten Frankreich in anderer Funktion – die Judenverfolgung. Im Oktober 1943 telegrafierte er an das Auswärtige Amt: »Vom heutigen Tage an kann Dänemark als entjudet bezeichnet werden.« Die Dänen verurteilten ihn im September 1948 zum Tode, das Urteil wurde in eine Haftstrafe verwandelt, seine Entlassung erfolgte im August 1951. Zwar erhob die Berliner Staatsanwaltschaft 1971 gegen Best, der mittlerweile Direktor und Justitiar beim Stinnes-Konzern in Mülheim an der Ruhr war, Anklage wegen seiner Tätigkeit im Reichssicherheitshauptamt, der Terrorzentrale des NS-Regimes. Anderthalb Jahre lang saß Best in Untersuchungshaft. Wegen andauernder »Verhandlungsunfähigkeit« aber stand er nie vor Gericht. Die Anklageschrift ist eine der dicksten der deutschen Justizgeschichte – 1029 Seiten stark.

4 Caryl Whittier Chessman legte gegen sein Todesurteil immer wieder Berufung ein und erreichte, dass dessen Vollstreckung achtmal verschoben wurde. Am 2. Mai 1960 wurde er hingerichtet. Sein Tod löste internationale Proteste aus. Ein französisches »Komitee Caryl Chessman«, dem auch der Arzt, Philosoph und Friedensnobelpreisträger Albert Schweitzer angehörte, bezeichnete die Hinrichtung als »legalen Mord«.

[5] Markus Wolf wurde 1993 wegen Landesverrats zu sechs Jahren Haft verurteilt. Im Mai 1995 entschied das Bundesverfassungsgericht, dass hauptamtliche Mitarbeiter der Stasi wegen eines solchen Delikts strafrechtlich nicht belangt werden dürfen. 1997 stand Wolf wieder vor Gericht, angeklagt wegen Freiheitsberaubung in vier Fällen. Er war, unter anderem, für die Verschleppung eines nach Österreich geflüchteten MfS-Offiziers in die DDR verantwortlich. Das Urteil: zwei Jahre Haft auf Bewährung. Wolf starb im November 2006.

[6] Al-Qaida (übersetzt »stabile Basis«) wurde gegen Ende der 1980er-Jahre gegründet und wollte als islamische Avantgarde »einen langwährenden bewaffneten Dschihad entzünden«, so der Politikwissenschaftler Peter Wichmann. Der Dschihad (oft mit »heiliger Krieg« übersetzt, wörtlich: »Anstrengung«) soll den Islam nicht nur verteidigen, sondern auch weltweit verbreiten. Prominenteste Führungsfigur war der wohlhabende Saudi Osama Bin Laden. Er bestimmte 1998, es müsse »zur Pflicht eines jeden Muslim werden, (...) Amerikaner und all ihre Verbündeten zu töten«. Bin Laden war für die Terroranschläge am 11. September 2001 in den USA mit fast 3.000 Toten verantwortlich.

Literatur

Bönisch, Georg / Wiegrefe, Klaus (Hrsg.): Die 50er Jahre. Vom Trümmerland zum Wirtschaftswunder, München 2006.

Buchna, Kristian: Nationale Sammlung an Rhein und Ruhr. Friedrich Middelhauve und die nordrhein-westfälische FDP 1945–1953, München 2010.

Buschke, Heiko: Deutsche Presse, Rechtsextremismus und nationalsozialistische Vergangenheit in der Ära Adenauer, Frankfurt am Main / New York 2003.

Engelbrecht, Jörg / von Looz-Corswarem, Clemens (Hrsg.): Krieg und Frieden in Düsseldorf. Sichtbare Zeichen der Vergangenheit, Düsseldorf 2004.

Friedrich, Jörg: Freispruch für die Nazi-Justiz. Die Urteile gegen NS-Richter seit 1948. Eine Dokumentation, Reinbek 1983.

Görgen, Hans-Peter: Düsseldorf und der Nationalsozialismus. Studie zur Geschichte einer Großstadt im »Dritten Reich«, Düsseldorf 1969.

Greiner, Christoph: Der Mensch und Politiker Jürgen W. Möllemann. Eine wissenschaftliche Analyse, Stuttgart 2010.

Harbort, Stephan: Der Liebespaar-Mörder, Düsseldorf 2005.

Herbert, Ulrich: Best. Biographische Studien über Radikalismus, Weltanschauung und Vernunft 1903–1989, Bonn 2011.

Jenke, Manfred: Verschwörung von rechts? Ein Bericht über den Rechtsradikalismus in Deutschland nach 1945, Berlin 1961.

Keldungs, Karl-Heinz: Die »Aktion Rheinland«, Düsseldorf 2022.

Keldungs, Karl-Heinz: Große Strafprozesse vor Düsseldorfer Gerichten, Düsseldorf 2016.

Kershaw, Ian: Das Ende. Kampf bis in den Untergang. NS-Deutschland 1944/45, Bonn 2011.

Knabe, Hubertus: West-Arbeit des MfS. Das Zusammenspiel von »Aufklärung« und »Abwehr«, Berlin 1999.

Perels, Joachim / Wette, Wolfram (Hrsg.): Mit reinem Gewissen. Wehrmachtrichter in der Bundesrepublik und ihre Opfer, Berlin 2011.

Zimmermann, Volker: In Schutt und Asche. Das Ende des Zweiten Weltkrieges in Düsseldorf, Düsseldorf 2006.

Zimmermann, Volker: NS-Täter vor Gericht. Düsseldorf und die Strafprozesse wegen nationalsozialistischer Gewaltverbrechen, Düsseldorf 2001.

Bildnachweis

StA: Stadtarchiv Düsseldorf
LA NRW: Landesarchiv NRW – Abteilung Rheinland, Urheber: Polizei NRW

BArch, MfS, AIM 1776/91, A-64/85: 155, 156 • brandstaetter images / Votava: 85–86 • Bundesarchiv, Bild 183-1983-0325-037 / CC-BY-SA 3.0: 152 • Fotoagentur Netzhaut: 107 • Greven Verlag Köln GmbH: 110 • IMAGO / Karo: 204 • Katholischer Gefängnisverein Düsseldorf e.V.: 99 • Kölnische Rundschau: Umschlag, 103–104, 161, 219–220, 227–228 Landesarchiv NRW – Abteilung Rheinland, Urheber: Polizei NRW: 57 (RWB_35167a_0004), 58 (links: RWB_35167a_0001, rechts: RWB_35167a_0002), 61 (RWB_35165a_0003), 62 (links: RWB_35168a_0001, rechts: RWB_35168a_0002) • Oberlandesgericht Düsseldorf: 147–148 • picture-alliance / AP Images | Wilfried Meyer: 115 • picture-alliance / ASSOCIATED PRESS: 33, 51, 65, 130 • picture-alliance / ASSOCIATED PRESS | HORST FAAS: 69 • picture-alliance / ASSOCIATED PRESS | Pete Souza: 216 • picture-alliance / ASSOCIATED PRESS | ROLAND WEIHRAUCH: 119–120 • picture-alliance / dpa | Caroline Seidel: 207–208 • picture-alliance / dpa | Federico Gambarini: 211 • picture-alliance / dpa | Henning Kaiser: 212 • picture-alliance / dpa | Marcel Kusch: 182 • picture-alliance / dpa | Martin Gerten: 165–166, 184 • picture-alliance / dpa | Oliver Auster: 145 • picture-alliance / dpa | Str: 215 • picture-alliance / Fotoarchiv für Zeitgeschichte: 34 • picture-alliance / Frank Christiansen / dpa | Frank Christiansen: 181 • picture-alliance / Horst Ossinger | Horst Ossinger: 76 • picture-alliance / Johannes Weider | Johannes Weider: 71–72 • picture-alliance / Marcel Kusch/ dpa | Marcel Kusch: 178 • picture-alliance / PA | PA: 29–30 • picture-alliance / Peter Sieländer | Peter Sieländer: 80 • picture-alliance / Ulrich Baumgarten | Ulrich Baumgarten: 96 • picture-alliance / Wilhelm Leuchner | Wilhelm Leuchner: 83 • picture-alliance / zb | Paul Glaser: 123 • picture-alliance / dpa | Bernd Wüstneck: 139 • picture-alliance / dpa | Bogler: 40 • picture-alliance / dpa | Christian Ohlig: 169 • picture-alliance / dpa | DB Leuschner: 129 • picture-alliance / dpa | dpa: 53–54 • picture-alliance / dpa | Ferdinand Ostrop: 173 • picture-alliance / dpa | Franz-Peter Tschauner: 203 • picture-alliance / dpa | Gero Breloer: 170, 174, 177 • picture-alliance / dpa | Hartmut Reeh: 124, 127 • picture-alliance / dpa | Horst Ossinger: 162 • picture-alliance / dpa | Klaus Franke: 191 • picture-alliance / dpa | Kurt Rohwedder: 49 • picture-alliance / dpa | Polizei: 140 • picture-alliance / dpa | Ralf_Hirschberger: 200 • picture-alliance / dpa | Roland Scheidemann: 79, 134 • picture-alliance / dpa | Roland Weihrauch: 187–188 • picture-alliance / dpa | Tim Brakemeier: 199 • picture-alliance / dpa | UPI: 92 • picture-alliance / dpa | Wilhelm Bertram: 133 • picture-alliance / ZB | Günter Gueffroy: 151 • Stadtarchiv Düsseldorf: 7–8 (128_100_016), 12 (128_300_005), 15 (180_330_147), 16 (0_1_23_192_0007), 19 (180_210_171), 20 (109_104_002), 23 (128_400_005) • ullstein bild - Süddeutsche Zeitung Photo / Scherl: 44 • ullstein bild: 36 • Wikimedia Commons, Foto: gemeinfrei: 89 • www.grevenarchivdigital.de | Oswald Kettenberger: 95;

Dank an

Johanna Bartikowski, Hans-Henning von Bassewitz, Frank Bergmann, Melanie Brockes, Reiner Burger, Heiko Buschke, Jörg Diehl, Sabine Eibl, Stephan Harbort, Ralf Herrenbrück, Bertolt Hunger, Dennis Janzen, Karl-Heinz Keldungs, Joachim Mies, Wera Reusch, Sven Röbel, Martin Schinken, Ansgar Siemens, Stefan Weigel, Dieter Wendorff, Jürgen Wessing, Aiko Wolter, Uwe Zuber.

Informationen zum Autor

Georg Bönisch, Jg. 1948, ist seit 1969 historisch interessierter Journalist und Autor. Bis Ende 2013 war er Redakteur des Nachrichtenmagazins *Der Spiegel*. Er hat mehrere Sachbücher geschrieben. Im Greven Verlag erschienen von ihm unter anderem: „Fernschreiben 827 – Der Fall Schleyer, die RAF und die Stasi“ und „Der 96-Prozent-Mann – Kölns Oberbürgermeister Theo Burauen“.

© Greven Verlag Köln, 2023
Lektorat: Wera Reusch, Köln
Bildredaktion: Aiko Wolter, Erftstadt
Gestaltung und Satz: Birgit Kappler, Bregenz,
und Christina Schmid, Stuttgart
Gesetzt aus der FF Franziska und Weissenhof Grotesk
Lithografie: prepress, Köln
Papier: 90 g/m² Schleipen Fly 05 spezialweiß, 1,5-faches Volumen,
und 270 g/m² Colorplan, Bright Red
Druck und Bindung: Beltz Grafische Betriebe GmbH, Bad Langensalza
Alle Rechte vorbehalten
ISBN 978-3-7743-0954-8

Detaillierte Informationen über alle unsere Bücher finden Sie unter
www.greven-verlag.de

714

SPARKASSE